Neuseeland

S. Huy, B. Gebauer-Huy (Text) · M. Schröder, H. Schwarzbach (Fotos)

EINLEITUNG Reise in eine verkehrte Welt

Die Sonne geht im Westen auf, der Weihnachtsmann kommt im Hochsommer und das Wasser in der Badewanne läuft links herum ab: Für Europäer ist Neuseeland eine verkehrte Welt – und doch kein fremdes Land. Die Briten prägten das Leben des Inselstaats auf der anderen Seite des Globus, dessen höchster Berg der Mount Cook (Bild) ist.

Wellington: moderne Wohnarchitektur im Stadtteil Haitaitai

Das Kemp House in Kerikeri, Neuseelands ältestes Haus

Gebaut aus weißem Kalkstein: »White Stone City« Oamaru

Westküsten-Kneipe in Ross

Leben auf Rädern: Wohnmobil in Kerikeri

Auf der Suche nach unverdorbener Natur und Menschen, die das Waldsterben allenfalls aus der internationalen Presse kennen und die Atomkraft schon lange des Landes verwiesen haben, wird man irgendwann in Neuseeland landen. Durchschnittlich 24 Stunden dauert die Reise in diese scheinbar verkehrte Welt, wo der Mond andersherum ab- und zunimmt, die Sonne im Westen aufgeht und im Norden am höchsten steht, Silvester im Hochsommer gefeiert wird und das Wasser in der Badewanne tatsächlich links herum abläuft. Überrascht es da noch, daß mit einer Einladung zum »Tea« durchaus das mehrgängige Dinner am Abend gemeint sein kann?

Charmant der Norden und rauh der Süden

Dennoch fühlen sich Mitteleuropäer in dem fernen südpazifischen Inselstaat, der mit seinen 269 000 Quadratkilometern etwa so groß ist wie die alte Bundesrepublik, gar nicht so fremd. Schließlich ist Neuseeland britisch und damit europäisch geprägt. Landschaftlich geht die Nordinsel als die charmantere durch, während die Südinsel eher rauh ist. Sie bietet eine Vielzahl von Landschaftsformen auf engem Raum: schneebedeckte Hochgebirgsgipfel der Southern Alps, wo 20 Berge über 3000 Meter hoch sind, kilometerlange Gletscherzungen, die dicht an das grüne Dickicht der Wälder heranreichen, Fjorde und tiefblaue Seen, kristallklare Bäche, heiße Quellen und feinsandige Strände, subtropische Urwälder und idyllisches Farmland.

Für Europäer ist Neuseeland ein Paradies zum Anfassen mit mildem Klima, ein letzter zivilisierter Garten Eden, der erst auf den zweiten Blick ein paar Schönheitsfehler preisgibt: 59 000 Farmen – fast die Hälfte davon sind reine Schaffarmen mit insgesamt gut 60 Millionen Tieren – können nur durch ausgiebige Verwendung von Düngemitteln den wirtschaftlichen Anschluß an die weltweite Konkurrenz halten. Und zweitens grassiert seit Ende der achtziger Jahre der Parasit Giardia in den Gewässern der Nationalparks und löst, wenn verseuchtes Wasser über die Lippen in den Körper eindringt, Magenkrämpfe und Durchfall aus.

Aber es gibt keine Seuchen, weder Malaria noch Tollwut oder Schweinepest. Gefährliche Raubtiere sind so unbekannt wie giftige Schlangen oder Insekten, sieht man einmal von den lästigen, weil blutsaugenden, Sandflies ab. Eine Ausnahme stört die heile Welt kaum: Die Katipo-Spinne im Northland, gerade einmal zwei Zentimeter groß, mit einem roten Streifen auf dem schwarzen Körper und tatsächlich giftig, wurde in den letzten Jahren so selten gesichtet, daß ihr eher der Ruf eines Fabeltiers anhaftet.

Reaktion auf das Ozonloch: »burn times« im Fernsehen

Etwas anderes bereitet den 3,4 Millionen Einwohnern Neuseelands mehr Sorgen: die Ozonschicht über der Antarktis nimmt als Folge der weltweiten Schadstoff-Emissionen immer mehr ab. Ein Schock für die Kiwis, die den größten Teil ihrer Freizeit dem Wassersport und anderen Outdoor-Aktivitäten widmen. Jeden Abend veröffentlicht das Fernsehen sogenannte »burn times«, die angeben, wie lange man sich gefahrlos, das heißt ohne einen Sonnenbrand zu bekommen, im Freien aufhalten kann. Im Hochsommer ist das Limit um die Mittagszeit meist schon nach 13 Minuten erreicht. Spätestens dann helfen nur noch sogenannte Sunblocker,

Auf der Otago-Halbinsel liegt Larnach Castle

Queenstown ist Heimathafen des Dampfers »Earnslaw«

Neuseeländer lieben ihre Freiheit und die Natur. Einige ganz besonders, und deshalb verzichten sie auf ein festes Dach über dem Kopf und reisen mit ihrem Wohnmobil durch die Lande. Die abenteuerlichen Gefährte sind häufig kaum mehr als eine Bretterbude auf dem Chassis eines alten Lastwagens.
Da Wohnhäuser meist aus Holz und in Leichtbauweise errichtet werden, laden die Kiwis sie bei Umzügen häufig auf einen Laster und nehmen sie huckepack mit an ihren neuen Standort.
Beim Larnach Castle täte man sich da schwer. Das einzige Schloß des Landes ließ der damalige Minister William Larnach Ende des 19. Jahrhunderts bei Dunedin errichten und kunstvoll schmükken.

also Sonnencremes mit extrem hohem Lichtschutzfaktor, oder die Flucht in den Schatten. Zweifellos sind die erkennbar zahlreichen Nachfahren rotblonder Briten und Iren stärker sonnenbrandgefährdet als die Nachbarn von den südpazifischen Inseln.
Neuseeland ist mit seinen herrlichen Sandstränden – kein Ort ist mehr als 120 Kilometer von der rund 7000 Kilometer langen Küstenlinie entfernt –, den glasklaren Küstengewässern und Binnenseen immer noch das Naturparadies, das die jährlich über 50 000 Touristen aus Deutschland, Österreich und der Schweiz bei ihrer Ankunft in Auckland, dem »Tor Neuseelands«, erwarten. Die Metropole mit fast einer Million Einwohnern läßt auch deutlich werden, daß der Staat die weltweite Rezession schon sehr früh zu spüren bekam. Die Arbeitslosigkeit lag 1992 bei über zehn Prozent, ein Fünftel der Bü-

Verkehrshindernisse auf vier Beinen

Unterwegs an der Westküste

roflächen in der City ist nicht vermietet, die Kiwis, wie sich die Neuseeländer nach dem flugunfähigen und halbblinden Vogel nennen, mußten nach Jahrzehnten des Wohlstands den Gürtel deutlich enger schnallen. Vorbei sind die Zeiten, als die Sozialleistungen höher lagen als der von den mächtigen Gewerkschaften ausgehandelte Mindestarbeitslohn.

Den Abel Tasman National Park erkundet man gut mit dem Kajak

Das Thermalgebiet Whakarewarewa bei Rotorua

Daß die Krise nicht noch dramatischer wurde, dafür haben asiatische Geschäftsleute gesorgt, die mit Milliardensummen neuseeländische Immobilien und Unternehmungen aufkauften. Von Teilen der Bevölkerung werden sie indes mißtrauisch beäugt. Die Angst vor Überfremdung und vor einem Ausverkauf des Landes trübt die Freude über den rettenden Geldsegen. Für die meisten Politiker dagegen ist klar, daß die wirtschaftliche Zukunft der »atomwaffenfreien Zone Neuseeland« im asiatisch-pazifischen Raum im engen Verbund mit Australien liegt.

Suche nach eigener Identität: »Union Jack« noch zeitgemäß?

Knapp 20 Prozent der Neuseeländer sind Maori oder Polynesier von südpazifischen Inseln wie Samoa oder den Cook Islands. Und da auch die 1870 eingeläutete Unabhängigkeit schon eine Weile zurückliegt, begann vor einigen Jahren verstärkt die Suche nach einer eigenen nationalen Identität. Lautstark wurde beispielsweise 1992 über die Frage debattiert, ob es noch zeitgemäß sei, daß die neuseeländische Flagge den englischen »Union Jack« trage. Schließlich sei man keine Kolonie mehr, sondern ein unabhängiger Staat mit parlamentarischer Regierungsform – wenngleich auch Mitglied des Commonwealth mit Königin Elisabeth II. als Staatsoberhaupt, deren Statthalter in der Hauptstadt Wellington ein Generalgouverneur ist.

Mehr als zwei Drittel aller Neuseeländer wohnen auf der wirtschaftlich erfolgreicheren Nordinsel, die übrigen verteilen sich auf der landschaftlich reizvolleren Südinsel – und profitieren besonders vom Tourismusboom. Doch noch immer machen die geringe Bevölkerungsdichte und mangelhafte Verkehrsanbindung vieler Regionen den Süden zum wirtschaftlichen Sorgenkind. Meist endet das Konkurrenz-Geplänkel zwischen Nord- und Südinsulanern mit dem hämischen Hinweis der ärmeren Verwandten, daß sich die wohlhabende Nordinsel die lebensnotwendige Energie von den Wasserkraftwerken der Südinsel holen müsse, um überleben zu können. Es sind nicht nur die unruhige Cook Strait, sondern vor allem die unterschiedlichen Lebensauffassungen der Bewohner, die beide

Das Segelschiff »R. Trucker Thompson« im Heimathafen Russell

Drei Millionen Menschen und über 60 Millionen Schafe leben in Neuseeland, deren Züchtung ein bedeutender Wirtschaftsfaktor ist. Die Tiere werden häufig nur zur Schur zusammengetrieben. Eine zentrale Rolle spielt die Landwirtschaft auch bei den Agricultural & Pastoral (A & P) Shows, die Agrarmessen und Volksfeste zugleich sind.

Holzschlagen um die Wette: A&P-Show in Queenstown

Inseln trennen: viele Kunsthandwerker und Lebenskünstler Neuseelands fühlen sich auf der Südinsel wohler.
Und dann führt jenseits der noch wilderen Fovcaux Strait ganz im Süden die 174 000 Hektar große Stewart Island ein abgelegenes und bescheidenes Dasein. Sie ist zu weit entfernt von den Haupt-Touristenstrecken, aber ein Pflanzen- und Tierparadies von besonderem Reiz. Nicht umsonst bezeichnen Biologen Neuseeland wegen der seltenen Fauna und Flora als eigenen Kontinent. Unter den fünf neuseeländischen Vogelarten, die mangels natürlicher Feinde das Fliegen verlernt haben, ist auch der Kiwi, ein struppiger, fast blinder Vogel, der über einen ausgeprägten Geruchssinn verfügt und freiwillig nie aus dem dunklen Unterholz der Urwälder auftaucht. Er lebt im kühlfeuchten Dickicht der Farne und Schlingpflanzen und ist nicht mehr vom Aussterben bedroht.

»Land der weißen Wolke«: Vor den Briten kamen die Maori

Das erste, was der holländische Seefahrer Abel Tasman 1642 von Neuseeland entdeckte, war die Südinsel. Obwohl er vor einem der schönsten Küstenabschnitte, dem heutigen Abel Tasman National Park, vor Anker ging, setzte er nie einen Fuß an Land. Das wagte im Jahr 1769 erst Captain James Cook, als sein Schiff »Endeavour« im Norden in der Mercury Bay lag. Mit dem Hissen des Union Jack galt das Neu(see)land als annektiert für die britische Krone, eine ganz und gar koloniale Gepflogenheit in der damaligen Zeit.
Dabei war das Land bereits seit rund 600 Jahren besiedelt – von Maori, den ersten aus Polynesien stammenden Einwanderern, die bei ihrer Ankunft auf ein menschenleeres Land gestoßen waren. Die Maori nannten ihre neue Heimat poetisch »Aotearoa«, das »Land der langen weißen Wolke«.
Es dauerte nicht lange, bis die weißen Einwanderer in der Überzahl waren und das Land beherrschten. Im Jahre 1840 wurde der Treaty of Waitangi (Vertrag von Waitangi) zwischen Weißen und Maori geschlossen, der das staatliche Zusammenleben von Maori und Pakehas, wie diese die Weißen nennen, regeln sollte. Der menschenverachtende Umgang mit den Aborigines im benachbarten Australien fand in Neuseeland glücklicherweise keine Nachahmer. Dennoch leben Weiße und Maori als zwei verschiedene Rassen weniger mit- als neben- und manchmal leider auch gegeneinander, wie Proteste anläßlich der Feierlichkeiten zum 150. Jahrestag der Vertragsunterzeichnung von Waitangi zeigten.
Ausländische Besucher lernen meist nur die touristische Fassade der Maori kennen mit bunter Folklore, Gesang und Tanz – spätestens in und um Rotorua, ihrem kulturellen Zentrum. Meist bleibt es bei oberflächlichen Kontakten. Anders geht es Reisenden mit den weißen Neuseeländern: »Down under« sind die meisten Menschen furchtbar neugierig, was ganz unten auf der Südhalbkugel, fernab von allem aktuellen Weltgeschehen in Amerika und Europa, eigentlich auch ganz verständlich ist. Und so kommt man schnell miteinander ins Gespräch, wenn man bereit ist, Rede und Antwort zu stehen.
Große Hoffnungen, von den »Kiwis« selbst etwas über ihr Land zu erfahren, sollte man sich indes nicht machen. Meist wissen Besucher mehr als die Einheimischen, die beispielsweise keine überregionale Tageszeitung kennen. Schließlich heißt es, daß es eine große Angst der Neuseeländer sei, von der Landkarte herunterzufallen, und eine noch größere, daß dies vom Rest der Welt nicht bemerkt würde.

Nur selten scheint am Milford Sound die Sonne

Stewart Island ist ein Paradies für Wanderer

Zwölf Monate Schnee: Kletterer am Mount Cook

Einsam in der Landschaft: der Lake MacKenzie …

Wohl nirgendwo findet man so viele unterschiedliche Klima- und Vegetationszonen auf so engem Raum wie in Neuseeland: Strände und Hochgebirge, Moorlandschaften und dichten Regenwald. Die üppige Natur bildet den Rahmen für vielerlei Freizeitaktivitäten. Ganz oben ist das Wandern angesiedelt, das die Kiwis Tramping nennen. Ein dichtes Netz von Wegen durchzieht die Nationalparks, und Schutzhütten bieten Übernachtungsmöglichkeiten. In manchen Skigebieten der Südalpen ist das ganze Jahr über Wintersport möglich.

… und eine Wanderhütte am Routeburn Track

Cathedral Cove an der Coromandel Peninsula

AUCKLAND, COROMANDEL

Metropole mit ländlichem Charme

In weitem Bogen spannt sich die Harbour Bridge über den Hafen der größten Stadt Neuseelands. Lange wird es nicht mehr dauern, bis Auckland seinen millionsten Bewohner begrüßen kann. Die Kulisse der Innenstadt läßt kaum vermuten, daß die Metropole bis heute ihren ländlichen Charme bewahrt hat. Bis zu 70 Kilometer weit ziehen sich die Vororte in das Umland.

Wo wenig Platz ist, geht's in die Höhe: Aucklands Innenstadt

Auckland ist für die meisten Besucher das Tor nach Neuseeland. »City of Sails« wird die größte Stadt des Landes genannt, denn Wassersport steht bei den Bewohnern obenan. Die Metropole erstreckt sich auf einem riesigen Areal zu beiden Seiten einer Landenge, die im Westen vom Manukau Harbour und gegenüber vom Hauraki Gulf begrenzt wird. Direkt an den Hafen schließt sich Downtown mit den Betrieben und den Einkaufsstraßen Queen Street und High Street an. Weil Boden knapp wird, wächst die Geschäftsstadt zunehmend in die Höhe.

Café an der Karangahape Road

Straßenmusik auf dem Victoria Market

Ein rasches Bier nach Feierabend: Eckkneipe Shakespeare Brewery

Kindergarten am Rand von Downtown

Auckland liegt, fragt man die Bewohner, ganz vorn. Schon zahlenmäßig, denn die Aucklander sind in Neuseeland bei weitem in der Überzahl. Bald, so schätzt man, wird die Stadt Einwohner-Millionärin sein. 150 Jahre nach ihrer Gründung lebt hier fast jeder dritte »Kiwi«, und Auckland wächst weiter, vor allem in die Breite. Einer wuchernden Pilzkultur gleich dehnt sich das Häusermeer aus, wie Krakenarme erstrecken sich die Vororte mit unzähligen Einfamilienhäusern – bis zu 70 Kilometer vom Stadtzentrum entfernt.

Bei dieser Platznot zu beiden Seiten des Waitemata Harbour bleibt der City nur der Weg nach oben: Glasverkleidete Bürotürme wachsen überall in die Höhe, bisher zu oft auf Kosten eines Gebäudes aus den alten Tagen der Kolonialzeit. Doch inzwischen müssen in Auckland auch Bodenpreise vor dem Respekt gegenüber Baudenkmälern kapitulieren. Ein Beispiel ist das im Art-Deco-Stil prachtvoll wiederhergestellte Civic Theatre auf der Queen Street, der tagsüber lebendigen Haupteinkaufsstraße.

Lunch in der Queen Street: Fast food vom Feinsten

Zur Lunch Time, in der Mittagspause, ist auf den breiten Gehwegen und in den überdachten Einkaufszentren kaum ein Durchkommen. Fast gleichzeitig strömen Massen von hungrigen Stadtmenschen in die zahlreichen Coffee Shops und Snack Bars, stellen sich geduldig vor den geschmackvoll gefüllten, gläsernen Selbstbedienungstheken an, auf deren Karten Brötchen mit Salat und geräuchertem Lachs oder Shrimps, Gemüse- und Fleisch-Pies und phanthasievolle Sandwich-Kreationen stehen. Fast food vom Feinsten.

Vielleicht weil die Queen Street von »Metro«, Aucklands Lifestyle-Magazin, als »windiges und liebloses Ghetto« abgeurteilt wurde, zieht es die Szene-Menschen und Insider lieber auf die parallel verlaufende High Street. In kleinen Boutiquen wird dort die von jungen neuseeländischen Designern geschaffene, verrückte Mode zu noch verrückteren Preisen verkauft. Gleich nebenan, in einer Galerie, gibt es mutig bemalte Leinwände zu betrachten, und ein Stückchen weiter tischt ein Kellner mit langer, weißer Schürze in einem Bistro Cappuccino mit Milchschaum auf, bestäubt mit einer Prise Kakao und nicht etwa mit Zimt, wie es in vielen neuseeländischen Cafés Unsitte ist.

Echter Cappuccino, knusperige Croissants und leckerer Kuchen lohnen auch den Besuch des Cafés im Parnell Village, dem verschachtelten, verschnörkelten Einkaufszentrum, das jünger ist als es scheint. Zurechtgezimmert hat es der millionenschwere Bauunternehmer Les Harvey, der für seinen Hang zur nostalgischen Architektur bekannt ist, die in diesem gemütlichen, mit historischen Häuschen angereicherten Stadtteil gar nicht so fehl am Platz ist.

Polynesische Kunstschätze im »griechischen Tempel«

Im Süden dieses Viertels befindet sich in dem Park Auckland Domain das War Memorial Museum. Das einem griechischen Tempel nachempfundene Gebäude beherbergt Maori-Kulturgüter und polynesische Kunstschätze, einige bis zu 3000 Jahre alt. Das wichtigste Stück ist das Kriegskanu »Te Toki a Tapiri«, in dem 100 Ruderer Platz fanden.

Gastronomisch goldene Zeiten sind in Neuseeland erst in jüngerer Zeit angebrochen. 1961 konnte der aus Holland eingewanderte Otto Groen für sein Aucklander Restaurant »Gourmet« eine Alkohollizenz erringen, die erste im

Die Queen Street ist Aucklands Haupteinkaufsstraße

ganzen Land. Bis dahin durften nur Pubs Hochprozentiges ausschenken. Und lange Zeit kamen »die Steaks in Riesenstücken, aber als durchgebratene Schuhsohlen auf den Tisch«, erinnert sich Groen noch mit Schaudern an die damaligen Kochkünste in den Restaurants der Stadt. Heute haben hungrige Gäste die Wahl zwischen französischer, chinesischer, italienischer, deutscher und japanischer Küche, und sie können durchaus auch der Kiwi-Koch-

Pferdenarren auf dem Ellerslie Racecourse

Very british: Cricket im Victoria Park

kunst vertrauen, die in einigen Lokalen Feinschmecker-Ansprüchen genügt.

Um Nachtleben zu genießen, muß allerdings keiner bis an das andere Ende der Welt fliegen. Wie alle Neuseeländer führt auch die Aucklander nach Feierabend der Weg nach Hause in die dörflichen Vororte, wo hölzerne Eigenheime und Gärten auf tatkräftige Hände warten. Hinauszögern kann den geregelten Tagesablauf höchstens der Besuch eines Pubs, beispielsweise der Shakespeare Brewery, wo ein Dutzend Biersorten aus den Hähnen fließt.

Heiße Nächte in der auf 60 Vulkanen errichteten Stadt erlauben allenfalls das Viertel Ponsonby mit Rock-Kneipen und Live-Musik sowie das Rotlichtviertel an der Karangahape Road, wo die Hauseingänge tagsüber scheinheilig verschwiegen sind und nachts bunte Lämpchen den Weg in die Etablissements weisen. »Tamaki-makau-rau«,

Am Wochenende stehen die Wetten hoch auf dem Ellerslie Racecourse

Einsamer Obelisk zu Ehren der Maori: der One Tree Hill

Platz der hundert Liebhaber, haben schließlich schon die Maori Auckland genannt, wenn auch ganz ohne Hintersinn.
Karangahape, der Straßenname geht einem nicht leicht von der Zunge. Ein wenig tröstet die Anekdote von dem Polizisten, der ein Protokoll anfertigen mußte, weil ein totes Pferd auf dieser Straße lag. »Pitt Street« schreibt sich einfacher, und deshalb soll der clevere Schutzmann den Kadaver einfach um die Ecke gezogen haben.

Hoffnung auf ein besseres Leben: Einwanderer aus Tonga und Samoa

Die schmalen Reihenhäuser auf der Karangahape Road aus den ersten Jahren dieses Jahrhunderts haben schon bessere Zeiten gesehen. Manchmal etwas schmuddelig, manchmal reizvoll exotisch, schmiegen sie sich aneinander. Hier liegt das polynesische Herz Aucklands, wo sich die zahlreichen Einwanderer von den umliegenden Südseeinseln mehr oder weniger heimisch fühlen. Denn viele von ihnen, die während der Hochkonjunktur in den sechziger und siebziger Jahren in der Hoffnung auf ein besseres Leben von Samoa, Tonga oder Fidschi kamen, leben heute von der Sozialfürsorge und in Armut. Wer sie versteht, kann bis zu 20 verschiedene polynesische Sprachen und Dialekte aufschnappen. Lautes Stimmengewirr und der schwere Duft fremder Gewürze dringen aus den kleinen Geschäften. Der Besitzer des Polynesian Bookshop betont, nicht Bücher über Polynesier zu verkaufen, sondern an sie. Auckland beansprucht mit Recht den Titel »Hauptstadt Polynesiens«.

Die Maori lebten in Befestigungsanlagen, den Pas

Als erste Einwanderer Neuseelands haben die Maori das Inselpaar zwischen Tasman Sea und Pazifik besiedelt. Auf dem One Tree Hill im Cornwall Park, einem erloschenen Vulkankegel, lebte bis ins 18. Jahrhundert hinein ein Maori-Stamm in einer großen Befestigungsanlage, »Pa« genannt. Heute sind an den Hängen noch die künstlich angelegten Terrassen erkennbar, auf denen Hütten standen oder kleine Felder bestellt wurden. Der weite Blick von dem 183 Meter hohen Hügel, auf dessen

Herberge für junge Leute: die Aspen Lodge

Jugendliche Maori in der Karangahape Road

Einen schönen Blick auf Neuseelands kurzzeitige Hauptstadt genießt man vom One Tree Hill, einem erloschenen Vulkan. An seinen Hängen lag einst ein Pa, wie die Wehrdörfer der Maori genannt werden. Zu Ehren dieser frühen Einwanderer ließ der wohlhabende Holzexporteur John Campbell auf dem Gipfel einen Obelisken errichten. Neben den Maori, die schon vor 1000 Jahren mit ihren Kanus nach Neuseeland kamen, leben in Auckland viele Gastarbeiter von anderen südpazifischen Inseln. Da West-Samoa zwischen 1928 und 1949 Mandatsgebiet Neuseelands war, besitzen alle zu dieser Zeit geborenen West-Samoaner und deren Nachfahren die neuseeländische Staatsbürgerschaft.

 Kuppe ein einsamer Baum und ein Obelisk zu Ehren der Maori stehen, zieht zahlreiche Touristen dorthin. Wie auf den Mount Eden, ebenfalls ein ehemaliges »Pa«, von wo die Aussicht auf Auckland noch attraktiver ist.
Nach der Unterzeichnung des Vertrags von Waitangi im Jahr 1840 verlegten die weißen Siedler ihre Regierungsgeschäfte von Russell in eine zentraler gelegene Hauptstadt, Auckland. Voraussetzung war ein unfairer Handel: Als Gegenleistung für ihr Land erhielten die Maori etwas mehr als 50 Pfund in Gold, einige Kleidungsstücke, Werkzeuge, Nahrungsmittel und Tabak. Zwei Jahre später erreichte das erste Einwandererschiff mit 500 Schotten an Bord den Hafen, doch die neuen Siedler lockte das fruchtbare Land im Süden, das noch Maori-Stämmen gehörte und später heiß umkämpft war.

Die Politik zog weiter: Auckland wurde zur Wirtschaftsmetropole

In den ersten Jahren wuchs Auckland unkontrolliert und ohne städteplanerische Eingriffe. Der schnelle Aufstieg der Stadt schien beendet, als 1865 Wellington zur Hauptstadt erklärt wurde und mit Politikern und Beamten auch wichtige Kaufleute und Banker dorthin umzogen.
Doch die »Rettung« kam in Form von Goldfunden auf der benachbarten Coromandel-Halbinsel und in Person von Bürgermeister Sir John Logan Campbell, der als »Vater Aucklands« in die neuseeländische Geschichte einging. Er machte die Stadt zu einem Handels- und Wirtschaftszentrum. Sein Haus, das Acacia Cottage aus dem Jahr 1841, ist heute das älteste Aucklands und wurde an den Fuß des One Tree Hill umgesetzt, gleich unterhalb der letzten Ruhestätte von Sir John.
Als der Individualverkehr auch in Neuseeland immer mehr zunahm, erwies sich der Waitemata Harbour zunehmend als Hindernis. Nur Fährschiffe verbanden den Norden mit der Innenstadt, bis die Lücke zu den nördlichen Vororten 1959 durch die Harbour Bridge geschlossen wurde. Die 1020 Meter lange Stahlkonstruktion schlägt einen malerischen Bogen über den Hafen mit seinen unzähligen weißen Segelbooten. Obwohl japanische Konstrukteure die vier Fahrspuren später auf

Naherholungsziel für die Städter: Mission Bay

Ngaruawahia: Eingang zum Sitz der Maori Queen

Kriegerfigur im War Memorial Museum

Modell einer Maori-Verteidigungsanlage

acht erweiterten, was der Brücke den Spitznamen »Nippon clip-on« einbrachte, ist sie ein stetes Nadelöhr, zusätzlich verengt durch ständige Wartungsarbeiten.

City of Sails: Am Wochenende zieht es die Menschen aufs Wasser

Dicht befahren ist die Harbour Bridge vor allem während der Woche, denn am Wochenende gehen die Aucklander lieber aufs Wasser. »City of Sails« wird die Stadt zu Recht genannt, denn jeder Vierte besitzt, statistisch gesehen, ein eigenes Boot. Eine Fähre, ein moderner Katamaran, verbindet die Princess Wharf am Rande der Innenstadt mit den zahlreichen Stränden, Cafés, Biergärten und gemütlichen Restaurants im Vorort Devonport. Citynah liegt auch die Mission Bay, auf deren Promenade an Sommerwochenenden Trubel wie in einem belebten Seebad herrscht. Ziele für ruhesuchende Aucklander sind auch die vorgelagerten kleinen Inseln im Hauraki Gulf, an dessen Ausgang die schöne Great Barrier Island liegt. Unter den knapp 50 Eilanden ist die dichtbewachsene, gerade 750 Jahre alte Vulkaninsel Rangitoto ein Wanderparadies.
Rund 100 Kilometer und zwei Fahrstunden von Auckland entfernt liegt das bevorzugte Naherholungsziel der Großstädter, die Coromandel Peninsula. Wenn man die Nordinsel als stilisierte menschliche Hand ansieht, bildet die Halbinsel den Daumen. Für viele ist sie die schönste Region Neuseelands. Das landschaftliche Kleinod mit seinen reichen Edelsteinfunden hat im wahrsten Sinne des Wortes »goldene Zeiten« erlebt.

Goldgewinnung – einst mit der Hacke, heute maschinell

Im Jahr 1852 machten zwei Brüder den ersten Goldfund im Norden nahe dem Ort Coromandel, aber erst 15 Jahre später, als ergiebigere Lagerstätten entdeckt wurden, brach der neuseeländische Goldrausch aus. Zu Tausenden fielen die Digger ein und steckten ihre Claims ab. Von einem Tag auf den anderen wuchs das kleine Städtchen Thames auf 20 000 Einwohner an und war plötzlich doppelt so groß wie Auckland.
In der stillgelegten Golden Crown Mine

Abendstimmung am Waikato River

Parnell Village, gebaut vom Unternehmer Les Harvey

In der Welt der Fische: Kelly Tarlton's Underwater World

Ngaruawahia bei Hamilton ist Sitz des Maori Kingship und der Königin der Maori, Te Arikinui. Sie hat keine administrativen Aufgaben zu erfüllen, sondern soll heute unter anderem dabei helfen, daß die Maori in der weißen Gesellschaft eine eigene Identität finden. Mit der Geschichte der Maori beschäftigt sich das War Memorial Museum in Auckland.

Brandungsangler bei Thames

Alte Goldwaschmaschine in der Stamper Battery

Das Städtchen Coromandel auf der gleichnamigen Halbinsel trägt den Namen eines Segelschiffs, das dort im Jahr 1820 ankerte, um Kauri-Holz zu laden. Einen Aufschwung erlebte die Region, als Mitte des 19. Jahrhunderts Gold gefunden wurde. Innerhalb weniger Jahre wurde Thames eine Stadt mit 20 000 Einwohnern, in deren Umgebung in über 70 Bergwerken das gelbe Metall abgebaut wurde. Die letzten Minen schlossen um 1920. Thames und vor allem Coromandel, das sich durch eine hübsche Kolonialarchitektur auszeichnet, vermarkten heute ihre Vergangenheit.

Stil der Jahrhundertwende: das Brian Boru Hotel in Thames

Die Driving Creek Railway im Farnwald

am Ortsausgang von Thames wird heute für Touristen lebendig, wie damals Gold abgebaut wurde. Denn anders als auf der neuseeländischen Südinsel, wo das Edelmetall in der Regel ausgewaschen wurde, war es auf der Coromandel fest verbacken in harten Quarzschichten. Mit Spitzhacken und Schaufeln war da wenig zu gewinnen. Deshalb begannen schon früh große Gesellschaften mit der maschinellen Goldgewinnung. Um so größer waren allerdings die Schäden, die in der Landschaft angerichtet wurden. Viele Wunden sind bis heute nicht vernarbt.

Menschen helfen der kranken Natur wieder auf die Sprünge

Im Jahr 1924 war das Goldfieber kräftig gesunken, doch inzwischen nimmt es wieder zu. Minengesellschaften vermuten unter der Oberfläche der Coromandel Gold im Wert von rund 17 Milliarden Mark. Natur- und Umweltschützer wollen einen weiteren Abbau des Edelmetalls jedoch mit allen Mitteln verhindern.

Riesige Umweltschäden haben, wie im Northland, auch die Holzfäller auf der Jagd nach Kauri-Stämmen und die Gum-Digger auf der Suche nach Kauri-Harz angerichtet. Nur langsam erholt sich die Natur.

Auf die Sprünge hilft ihr der Töpfer Barry Brickell: Auf einem Hügel am Rand des Städtchens Coromandel pflanzt er seit Jahren aus Tausenden von jungen Kauris einen etwa 30 Hektar großen Naturpark an. Bei der Finanzierung helfen ihm Neuseelands verrückteste Eisenbahnlinie und der Fremdenverkehr. Mit Passagieren schraubt sich die rüstige Schmalspurbahn über filigrane Aquädukte und durch düstere Tunnel den Hügel hinauf und hinunter, vorbei an »Kunst im Wald«.

Auch Doug Johansen liebt seine Coromandel und bringt sie den Touristen nahe. Der blonde Nachfahre norwegischer Einwanderer, Kiwi Dundee genannt, kennt die Region wie kaum ein anderer und führt Fremde an die schönsten und interessantesten Stellen. Auf seinen Touren lernt man, sich in der Wildnis zu orientieren und findet Blätter, die sich als Seife und WC-Papier benutzen lassen. Man entdeckt umwucherte Mineneingänge und versteckte Pfade zu herrlichsten Stränden wie der Cathedral Cove – und bekommt mehrere heiße Tips: am Hot Water Beach bei Ebbe ein Loch zu buddeln, bis das Wasser der heißen Quellen nach oben schießt, zu warten, bis die nächste kühle Meereswoge das Bad wohl temperiert, und sich dann in der natürlichen Badewanne zu aalen. Dabei schaut man auf Cooks Beach in der Mercury Bay, wo Captain James Cook im November 1769 erstmals die Flagge des britischen Empires hißte und das Land für die Krone in Besitz nahm. Oder man nimmt frische green lipped mussels, die etwas größer sind als Miesmuscheln, aus der Muschelfarm von Norm Sowerby im Ort Coromandel mit, läßt sie fünf Minuten im heißen Wasser garen und sich anschließend munden.

Siedlerhaus in Coromandel

Muschelernte auf der Selsum Mussel Farm

Vasen und Schalen: der Töpfer Barry Brickell

Im Sommer kommen die Weinfreunde und Hochseeangler

Während der langen Weihnachtsferien im Hochsommer ist die Coromandel ein beliebtes Urlaubsziel der Neuseeländer. Von einem Tag zum anderen kommt dann Leben in den aus Ferienhäusern bestehenden Ort Pauanui Beach. Die kleinen Läden in Whitianga, wo auch frische Langusten lebend oder gekocht verkauft werden, machen große Geschäfte, und in der Purangi Winery kosten trinkfreudige Touristen schon vormittags Fruchtweine und Obstschnäpse. Whitianga ist auch das Zentrum der Hochseeangler, die von

Die Küstenlandschaft der Coromandel ist ein herrliches Ausflugsziel für die Menschen aus Auckland

Fußbad in der Sandkuhle: am Hot Water Beach

Purangi Winery

Die Cathedral Cove bei Hahei

Wegen ihrer schönen Strände und der üppigen Natur ist die Coromandel-Halbinsel ein frequentiertes Naherholungsziel für die Großstädter aus Auckland. Besonders beliebt ist der Hot Water Beach bei Hahei, wo man die Füße in heißem Quellwasser baden kann.

In der Mercury Bay ließ Captain James Cook 1769 ankern

dem kleinen Ort aus Jagd auf Marline und Haie machen.
Nur in Thames ist auch das restliche Jahr über etwas los, denn das 7000 Einwohner zählende Städtchen dient als Einkaufszentrum für die Halbinsel. Die quirlige Barbara Doyle veranstaltet in ihrem Mitte des 19. Jahrhunderts erbauten Brian Boru Hotel regelmäßig sogenannte Murder Weekends, bei denen Gäste in gut inszenierten Mordfällen mitspielen können.

Neuseelands längster Fluß: »Mississippi der Maori«

Die Region Waikato südlich von Auckland ist benannt nach dem mit 424 Kilometern längsten Fluß Neuseelands, dem Waikato River, der im Lake Taupo entspringt und nordwestlich von Hamilton in die Tasman Sea mündet. 1859 verglich der österreichische Geologe Ferdinand von Hochstetter den Strom mutig mit Rhein und Donau und nannte ihn »Mississippi der Maori«. Tatsächlich war der Waikato River für die Maori-Stämme, die sich an seinem Ufer oder auf den nahen Hügeln angesiedelt hatten, ein unermeßlicher Fischlieferant und eine wichtige Wasserstraße.
Die Region war damals eine der am dichtesten bevölkerten Neuseelands. Heute leben hier noch rund 60 000 Maori, die im März in Ngaruawahia eine Regatta mit traditionellen Kriegskanus veranstalten. Das farbenprächtige Fest lockt zahlreiche Besucher aus dem ganzen Land an das Waikato-Ufer.
Für die weißen Siedler waren die fruchtbaren Böden zu beiden Seiten des Flusses im vergangenen Jahrhundert besonders attraktiv. Was die Maori nicht freiwillig räumten, nahmen sich die Einwanderer mit Gewalt.
Hamilton, Waikato-Metropole und heute größte Stadt im neuseeländischen Binnenland, wurde als militärischer Stützpunkt gegründet, die ersten Siedler waren Soldaten. Die Straße zwischen Auckland und Hamilton, jetzt der stark befahrene State Highway 1, hatte zunächst nur militärische Zwecke zu erfüllen. Im Jahr 1863 ordnete Gouverneur George Grey den Bau an, wohl wissend, daß die Maori auf diese Provokation mit Krieg reagieren würden. Es kam zu erbitterten Kämpfen und zahlreichen Toten, besonders unter den Maori. In ihrer letzten Schlacht hatten ihre rund 300 Krieger keine Chance gegen 2000 gut gerüstete Engländer, und das Waikato-Land ging nach blutigen Kämpfen an die Weißen.

Licht als Lockmittel: die Glühwürmchen von Waitomo

Die wenigen überlebenden Maori retteten sich an das dichtbewaldete, unwegsame andere Ufer des Puniu River südlich von Hamilton, das später King Country genannt wurde, weil der Legende nach der Maori-König Tawhiao seinen Hut auf eine große Landkarte der Nordinsel geworfen und genau dieses Gebiet getroffen hatte. »Unter diesem Hut«, soll Tawhiao ausgerufen haben, »finden alle Schutz, die der englischen Königin Widerstand geleistet haben.« Das rauhe, abgelegene King Country wurde auf diese Weise zum Refugium der Maori.
Touristen haben hier lediglich ein Ziel: die Waitomo Caves, ein gewaltiges Höhlensystem im Kalkgestein, in dem Tausende Glühwürmchen eine märchenhafte Atmosphäre schaffen. Vorbei an Stalagmiten und Stalaktiten werden Besucher mit Booten durch die Unterwelt geschleust und erfahren im angegliederten Museum auch, daß Glühwürmchen gar nicht so harmlos sind, wie sie scheinen. Vielmehr lockt die Larve einer Mückenart mit dem kleinen Licht andere Insekten an, um diese zu fressen.

Durch weite Hügellandschaft führt der Highway 25

REISE-INFO AUCKLAND, COROMANDEL

Auckland

Karte: Planquadrat C 3.
Größte Stadt Neuseelands mit rund 940 000 Einwohnern. Fast jeder dritte Neuseeländer lebt hier.

Anreise: Auf Neuseelands größtem Flughafen landen mehrmals täglich Maschinen aus Asien, den USA und Australien. Die Fahrt in die Innenstadt dauert rund 30 Minuten, entsprechend teuer ist ein Taxi. Mit dem Airport-Bus (alle 30 Minuten) kommt man preiswerter nach Downtown.

Züge nach Auckland sind der Overlander (tagsüber) und der Northerner (nachts) aus Wellington, der Kaimai Express aus Tauranga und der Geyserland Express aus Rotorua. Alle Züge verkehren nur einmal am Tag.

Öffentliche Verkehrsmittel: Busse fahren regelmäßig in die Außenbezirke. Für Touristen bietet sich der United Airlines Explorer an, der jede Stunde für etwa zehn NZ-Dollar die wichtigsten Sehenswürdigkeiten im Innenstadtbereich anfährt (täglich zwischen 10 und 17 Uhr, Abfahrt am Downtown Airline Terminal, Quay Street).

Alle zehn bis zwanzig Minuten überquert der Seabus den Waitemata Harbour vom Ferry Building in der Innenstadt nach Devonport.

Unterkunft: Viele große Hotelketten haben sich in Auckland niedergelassen. Die reizvollsten Häuser sind das Regent (Albert Street, Tel. 09/3 09 88 88), das Sheraton (83 Symonds Street, Tel. 09/3 79 51 32 und die Travelodge (Quay Street, Tel. 09/3 07 81 59). Das Central (Albert Street, Tel. 09/3 02 11 11) ist ein gut gelegenes Hotel der oberen Mittelklasse. Außerhalb der City bieten sich die ruhigeren Stadtteile Takapuna, Devonport und Parnell für eine Übernachtung an.

Familiäre Atmosphäre (und so manchen guten Tip für die Weiterreise) findet man in den sogenannten Guest Houses (z. B. Ascot Parnell, 36 Stephens Avenue, Tel. 09/3 09 90 12; Aspen Lodge, 62 Emily Place, Tel. 09/3 79 66 98; Karin's Bed and Breakfast, 14 Sinclair Street, Devonport, Tel. 09/4 45 86 89; Bavaria, 83 Valley Road, Mount Eden, Tel. 09/6 38 96 65).

Beste Anlaufstelle für Rucksackreisende: Central Backpackers Hotel (9 Fort Street, Tel. 09/3 58 48 77), ein 300-Betten-Haus mit einem Reisebüro im Erdgeschoß, das preiswerte Reisen innerhalb Neuseelands vermittelt.

Im Umkreis von zwei Kilometern vom Airport gibt es an den belebten Hauptstraßen eine Reihe von Motels.

Ausgehen: Seitdem die Kneipen rund um die Uhr geöffnet bleiben dürfen, ist Aucklands Nachtleben etwas aufregender geworden. Hausgebrautes Bier probiert man am besten in der Shakespeare Tavern Brewery (61 Albert Street). Der attraktivste Biergarten befindet sich im Mon Désir (144 Hurstmere Road) in Takapuna. Live-Musik (Rock und Pop) wird im Gluepot, Ecke Ponsonby/Jervois Road gespielt (täglich ab 18 Uhr, Telefon 09/3 76 51 09).

Gute Restaurants mit neuseeländischer und internationaler Küche findet man in Devonport (z. B. Bluewater Brasserie und The Low Flying Duck, beide an der Victoria Street), im Old Ferry Building an der Princess Wharf (Cin Cin und Harbourside Restaurant mit der schönsten Aussicht aller Lokale), in Takapuna (Killarney Street Brasserie, 2 Killarney Street) und auf der Ponsonby Road (Brasserie, Bronze Goat, Minority of One, Oblio's und Wheelers).

Aktuelle Tips zu Diskotheken und Restaurants stehen im monatlich erscheinenden Magazin »Metro« und in der »Auckland Tourist Times«, die jeden Donnerstag erscheint.

Sehenswürdigkeiten: Einen ersten Eindruck von Neuseeland erhält man in der Nähe des Airports im wiederaufgebauten Pavilion of New Zealand, mit dem das Land auf der Expo 1988 in Brisbane großen Erfolg hatte (Montgomery Road, täglich 9 bis 17 Uhr, Tel. 09/2 56 01 11). Die Geschichte Neuseelands und der Maori behandelt das 1920 eröffnete War Memorial Museum (Auckland Domain, täglich 10 bis 17 Uhr). Dort werden jeden Tag um 10.30 Uhr und 12.45 Uhr anspruchsvolle Maori-Konzerte gegeben. Neuere Geschichte, vor allem im technischen Bereich, präsentiert das Museum of Transport and Technology, MOTAT (Great North Road, Mo bis Fr 9 bis 16 Uhr, Wochenende 10 bis 16.30 Uhr).

In Devonport: The Esplanade Hotel

Neuseeländische Fischarten lassen sich beim Gang durch einen unter Wasser liegenden Acryl-Tunnel in Kelly Tarlton's Underwater World beobachten (Orakei Wharf, täglich 9 bis 21 Uhr).

Gut einkaufen kann man auf dem Victoria Market (ehemalige Pferdeställe der städtischen Müllabfuhr, Victoria Street West) und im Parnell Village (Parnell Road). Dort befinden sich nur wenige hundert Meter entfernt das Ewelme Cottage (14 Ayr Street), Kinder House (2 Ayr Street) und die St. Stephen's Chapel (Ecke St. Stephens/Parnell Road), Beispiele für typischen viktorianischen Baustil Mitte des vorigen Jahrhunderts.

Die schönste Aussicht über die Stadt genießt man vom 196 Meter hohen Mount Eden (Mount Eden Road/Clive Road) und vom One Tree Hill (Cornwall Park), dessen knochige Pinie auf der Hügelspitze schon von weitem zu sehen ist.

Strände: Am Mission Beach und in Takapuna verbringen viele Aucklander ihre Wochenenden. In Piha nordwestlich der Stadt und bei Titirangi laden langgezogene Sandbuchten zum Baden ein.

Veranstaltungen: Den Geburtstag der Stadt feiert Auckland, die »City of Sails«, mit einer farbenfrohen Segelregatta für jedermann (Annual Yachting Regatta, immer Ende Januar).

Ausflüge: Im Ferry Building (am Ende der Queen Street) und im Downtown Airline Terminal (Quay Street) schräg gegenüber haben alle Fähr- und Schiffahrts-Gesellschaften ihre Büros. Zur Auswahl stehen beispielsweise Fahrten nach Rangitoto (die Vulkaninsel ist ideal für kurze Wanderausflüge), nach Waiheke (Sommerfrische der Aucklander) oder ein Tagesausflug nach Kawau Island, eine Insel, in die sich Naturfreunde verlieben. Kawau Island ist auch von Sandspit aus (s. Kapitel 3) per Postboot zu erreichen.

Empfehlenswert ist ein Törn mit den Segelyachten der Pride of Auckland Company durch den Hauraki Gulf (Tel. 09/ 3 73 45 57 oder Downtown Airline Terminal).
Information: Manukau Information Centre, George Bolt Memorial Drive, täglich 7.30 bis 20.30 Uhr, Tel. 09/ 27 75 53 21 (umfangreiche Informationen über Neuseeland in der Nähe des Flughafens). Auckland Visitor Centre, 299 Queen Street (Aotea Square), Tel. 09/3 66 68 88, täglich 8.30 bis 17.30 (am Wochenende bis 16 Uhr).
Das Department of Conservation, 73 Karangahape Road, Tel. 09/3 07 92 70, erteilt montags bis freitags Auskünfte u. a. über die Inseln im Hauraki Gulf.

Geschäft aus der Zeit des Goldrausches: die Coromandel Drapery

Coromandel Peninsula

Karte: Planquadrat C, D 3.
Abseits des Touristenstroms gelegen, ist die Halbinsel immer noch ein wenig Geheimtip.
Anreise: Mit Air Coromandel nach Whitianga, sonst mit dem Auto.
Sehenswürdigkeiten: Auf den Spuren der Goldsucher bewegen sich Besucher im Mineralogical Museum, in der School of Mines sowie in einer verlassenen Goldmine (Stamper Battery) in Thames. Über die Öffnungszeiten informiert das Visitor Centre.
Am Highway 25 etwa zwei Kilometer südlich vom Ort Coromandel verkauft die Familie Sowerby green lipped mussels. Interessierte Gäste werden zur Muschelfarm mitgenommen.
Im Ort Coromandel startet die Driving Creek Railway des Töpfers Barry Brickell zu einer 45minütigen Tour (Kennedy's Bay Road, täglich von November bis Ostern um 14.05 Uhr und 16.05 Uhr, ansonsten nur 16.05 Uhr, Tel. 07/8 66 87 03).
In der Nähe von Cook's Beach liegt die Purangi Winery (täglich 9 bis 21 Uhr) mit einer großen Palette von Fruchtweinen und -schnäpsen.
Die Coromandel verfügt über zahlreiche schöne Strände, beispielsweise Cathedral Cove (nahe Hahei) und ein paar Kilometer weiter der Hot Water Beach. Ein guter Führer ist Doug Johansen, der mehrere Touren auf der Coromandel anbietet (Pauanui Beach, Telefon 07/ 8 64 87 31).
Unterkunft: In mehreren Orten meist durchschnittliche, preiswerte Unterkünfte. In Thames ist das Brian Boru Hotel auch Schauplatz der Murder Weekends (200 Richmond Street, Tel. 07/8 68 65 23). In Pauanui Beach besteht die exklusive Puka Park Lodge aus über 40 Chalets, die an einen Hang gebaut wurden (Tel. 07/8 64 80 88).
Information: In Thames die Visitor Information, Queen Street (je nach Saison täglich etwa 9 bis 17 Uhr, Tel. 07/ 8 68 72 84). In Whitianga die Visitor Information, 35 Albert Street (Mo bis Fr 10 bis 14 Uhr, im Januar auch länger, Tel. 07/8 66 55 55.

Der Rapaura Falls Park in Tapu

Waikato, King Country

Karte: Planquadrat C 4.
Wirtschaftliches Zentrum des Waikato-Gebietes, in dem 330 000 Menschen leben, ist Hamilton. In der Universität von Neuseelands fünftgrößter Stadt wurde begonnen, Maori-Kultur und -Sprache zu lehren.
Anreise: Mit dem Zug Geyserland Express und Bus von Auckland/Rotorua.
Sehenswürdigkeiten: Boote fahren Besucher durch die Glühwürmchenhöhlen Waitomo Caves (täglich 9 bis 17 Uhr, Tel. 07/8 78 76 40). Aufregend ist das Blackwater Rafting mit aufgeblasenem Gummischlauch (täglich bis zu viermal) in den Grotten, und Mutige gleiten beim »Ultimative Abseil and Caving Trip« an einem Seil über 100 Meter tief in die Mangapu-Höhle (Tel. 09/5 21 06 84).
Veranstaltungen: Mitte März findet jährlich ein Maori-Festival in Ngaruawahia 20 Kilometer nördlich von Hamilton statt, dem Sitz der Maori-Queen.
Informationen: Visitor Centre, Angelsea Street, Hamilton, Telefon 07/ 8 39 33 60.

Keine neuseeländische Landschaft ist so lieblich wie die Bay of Islands, wo die Hochseesegler für ihre großen Erfolge trainieren. Der tatsächlich »nur« 90 Kilometer lange Ninety Mile Beach führt zum Cape Reinga, der Nordspitze des Landes. Ein Wegweiser zeigt dort Entfernungen an: Nach London sind es fast 20 000 Kilometer.

NORTHLAND Segelrevier am 90-Meilen-Strand

Bei der Fahrt über die Harbour Bridge rückt noch einmal Aucklands Skyline mit ihren gläsernen Bürotürmen und den imposanten Hafengebäuden ins Blickfeld. Doch schon bald führt die autobahnähnliche Ausfallstraße vorbei an den Siedlungen des Mittelstandes. Fast endlos dehnen sich die Vororte, doch je weiter man sich von der City entfernt, desto kleiner werden die Häuser und Grundstücke.

Endlich huschen die letzten Gebäude vorbei und machen Platz für üppige Natur. Zahllose Schafe grasen auf saftiggrünen Weiden, die von dichtem Buschwerk und unterschiedlichen Farngewächsen begrenzt sind. Blühende Rosenhecken schützen idyllisch gelegene, weiße Farmhäuser vor dem häufig starken Wind. Nicht umsonst wärmen Decken die am Wegesrand weidenden Pferde.

Puhoi – Ziel von Kaffeekränzchen und bierdurstigen Rockern

Bei kühl-windigem Wetter lädt auch die Hibiscus Coast mit ihren sandigen Pazifikstränden nicht zum Badeaufenthalt ein. Da fährt man lieber ein Stück weiter nach Waiwera, wo das mit Thermalwasser gespeiste Freibad hilft, den neuseeländischen Wetterlaunen zu trotzen. Oder in das sieben Kilometer weiter nördlich gelegene Puhoi, ein »Geheimtip«, der aber immer mehr Mitwisser hat. Kein Hinweisschild am Straßenrand des Highway 1 weist auf das Örtchen hin, doch Insider kennen das urgemütliche Puhoi Cottage, in dessen Garten Tee, Kaffee, Kuchen und Käse serviert werden. Rockergruppen, die an Wochenenden gelegentlich auf ihren Motorrädern einfallen, bevorzugen dagegen die Puhoi Tavern, wo seit 1879 Bier ausgeschenkt wird. Damals hatten sich hier, fern aller Zivilisation, böhmische Auswanderer eingerichtet.

Diesem Küstenstreifen vorgelagert ist Kawau Island, wohin man per Boot von Sandspit gelangt, einem Dorf wenige Kilometer vor Warkworth. Belohnt wird der Umweg mit einem kleinen Paradies und einem prachtvollen Mansion House, das sich – ganz eigennützig – Mitte des 19. Jahrhunderts der damalige britische Generalgouverneur George Grey schuf.

Nur wenige Minuten nördlich liegt Whangarei. Wer Punkt zwölf dort an-

An der Hibiscus Coast: Strandpanorama in Waiwera

Als Wandgemälde dampft die alte Lok noch durch Whangarei

Alte böhmische Kirche in Puhoi

Konzentriert …

Wie beim Karneval: Weihnachtsumzug in Helensville

Besonders gute Kondition benötigt der Weihnachtsmann in Helensville, denn wenn er auftritt, herrschen auf der Nordinsel hochsommerliche Temperaturen. Während sich in Helensville vor allem Siedler aus Großbritannien ansiedelten, wurde das Dorf Puhoi von böhmischen Auswanderern gegründet. An ihre Kultur erinnern die alte Kirche und der Friedhof, auf dessen Grabsteinen deutsche Namen zu lesen sind.

kommt, wird von einer außerordentlichen Klangfülle begrüßt: Mehr als 1200 Uhren ticken im Clapham's Clock Museum, darunter eine österreichische Uhr aus dem Jahr 1840.

Bay of Islands – malerisches Revier der Hochseesegler

Sie ist so alt wie der Staat Neuseeland, dessen Geburtsort nicht weit entfernt in der Bay of Islands liegt. Mit ihren unzähligen Eilanden und der wuchernden Vegetation im subtropischen Klima ist sie für viele die malerischste Bucht des Landes. Wo normalerweise nur rund 5000 Menschen wohnen, verbringen während des Sommers bis zu 50 000 Urlauber aus dem ganzen Land ihre Ferien. Die Bucht ist auch ein hervorragendes Segelrevier, in dem die Neuseeländer die Grundlage für ihre sportlichen Erfolge legen, darunter vordere Plazierungen beim »America's Cup« und einen Sieg Peter Blakes mit der hochmodernen »Steinlager II« beim abenteuerlichen Rund-um-die-Welt-Rennen über 33 932 Seemeilen.
Die ersten Weißen, die hier Anfang des 19. Jahrhunderts von den Segelschiffen

Dem Hochsommer zum Trotz mit Rauschebart

an Land gingen, hatten in der Regel alles andere im Sinn, als ein beschauliches Leben zu führen. Wilde Gesellen waren es zumeist, die die lange, strapaziöse und gefährliche Überfahrt wagten, dichtgedrängt auf schwankenden Segelschiffen. Viele hatten schon in der Heimat so viel auf dem Kerbholz, daß ihnen nichts blieb, als fern der richter-

lichen Gewalt neu, aber nicht unbedingt geläutert, anzufangen.
Insbesondere für entlassene Strafgefangene aus den von den Engländern eingerichteten Lagern in Australien war Neuseeland erste Anlaufstelle. Zu tun gab es genug in dem nach europäischen Maßstäben unzivilisierten, bis dahin nur von den Maori dünnbevölkerten Land.

»Höllenloch im Südpazifik« – ein Schock für fromme Siedler

Besser als durch ehrliche Arbeit im Handwerk oder auf dem Feld ließ sich mit Walfang oder Glücksspiel Geld verdienen. Bald zogen auch die ersten Frauen nach Russell, vielfach »leichte Mädchen« aus der Alten Welt. Es dauerte nicht lange, bis das von den Maori Kororareka genannte Örtchen besser bekannt war als »Höllenloch im Südpazifik«. Fromme Siedler errichteten als Reaktion im Jahr 1835 die Christ Church, deren Einschußlöcher noch von den Auseinandersetzungen zwischen Weißen und Maori zeugen.
Ausgerechnet dieser menschliche Sumpf wurde erste, wenn auch kurzlebige Hauptstadt des Staates Neuseeland. Denn ganz in der Nähe, auf der anderen Seite der Bucht, versammelten sich der britische Gesandte William Hobson und Maori-Häuptlinge am 6. Februar 1840 zur staatsgründenden Unterzeichnung des Vertrags von Waitangi. Das Abkommen sollte der englischen Krone die Souveränität über das ganze Land garantieren und den Maori alle Rechte als britische Untertanen. Außerdem wurde Stammesland als Eigentum zugesichert, bei dessen Veräußerung allerdings der Krone das Vorkaufsrecht zustand.

Das Unglück der Maori: Sie kannten kein Eigentum

Tatsächlich existiert in der Maori-Sprache kein Wort, das mit Besitz oder Eigentum übersetzt werden kann. Land gehörte allenfalls dem ganzen Stamm und konnte nie von einzelnen verkauft werden. Dennoch gelang es windigen Geschäftemachern immer wieder, Maori-Ländereien für lächerliche Summen zu erwerben. Besonders tat sich dabei die gerade gegründete New Zealand Company hervor, die mit niedrigen

Vor dem Städtchen Russell: die Küstenlandschaft der Bay of Islands

Die Bay of Islands ist Schauplatz von wesentlichen Abschnitten der jungen neuseeländischen Geschichte. Robbenjäger, Walfänger und andere Siedler ließen sich in der ersten Hälfte des 19. Jahrhunderts an der malerischen Bucht nieder und machten das Örtchen Russell zur ersten Hauptstadt des Landes. Von ihrem Stützpunkt an der Rangihoua Bay verbreiteten Missionare das Christentum in dem Inselstaat, und einen Steinwurf entfernt schlossen der britische Gesandte William Hobson und 45 Maori-Häuptlinge den staatsgründenden Vertrag von Waitangi.
Durch ihr mildes Klima ist die Bay of Islands ein beliebtes Erholungsgebiet, in dem Zehntausende ihren Urlaub verbringen.

Der Morten Bay Fig Tree überragt Russells Polizeistation

Die Austern der Kororareka Oysters Ltd. bedürfen ständiger Pflege

Bodenpreisen zunehmend auswanderungswillige Engländer nach Neuseeland locken wollte.
Die friedliche Stimmung, die während des Vertragsabschlusses auf dem Rasen hoch oberhalb der Steilküste noch geherrscht hatte, schlug bei vielen Maori wegen der weiterhin aggressiven Siedlungspolitik schnell in Enttäuschung und Wut um. Nicht zu bremsen war Häuptling Hone Heke, der nicht nur viermal den britischen Fahnenmast auf dem Flagstaff Hill in Russell fällte, sondern mit seinen Kriegern während des sogenannten Nordland-Krieges (1845) auch die Stadt überfiel und teilweise zerstörte. Noch heute ist Waitangi für Maori der Inbegriff von Benachteiligung gegenüber den später eingewanderten, das Land dominierenden Europäern.

Die Kneipe Duke of Marlborough in Russell

Betagter Zugpassagier in Kawakawa

Zu Silvester ruft Russells Polizist Verstärkung herbei

Russell mag heute allenfalls von den wilden, alten Hauptstadt- und Kolonialtagen träumen. Ein bißchen Abenteuer verspricht das verschlafene Nest gerade noch am Silvesterabend, wenn Hunderte Neuseeländer zwischen den kleinen Holzhäusern und auf der schmalen Promenade für Stimmung sorgen. Dann ruft auch der einzige Polizist des Ortes nach Verstärkung – zumindest für eine Nacht, bis auch im Duke of Marlbo-

Ausflugssegler fahren Touristen durch die Bay of Islands

Rotwild wird auf vielen Farmen gezüchtet

Versammlungshaus der Maori in Waitangi

In Kerikeri, heute ein Zentrum des Obstanbaus, legten Missionare ihre zweite neuseeländische Station an, deren 1822 errichtetes Gebäude das älteste Haus des Landes ist. Es steht direkt neben dem Stone Store am kleinen Hafen, das jetzt ein kleines Museum beherbergt.
Anders als die anderen Versammlungshäuser der Maori gehört das Marae in Waitangi nicht nur einem, sondern allen Stämmen des Nordlandes, deren Kunstwerke das Innere des Gebäudes schmücken. Ein Beispiel für das herausragende Kunsthandwerk der Maori ist auch das Kriegskanu.

Aus drei Baumstämmen bauten Maori das 36 Meter lange Kanu

Neuseelands ältestes Steinhaus steht in Kerikeri

rough, vor Jahren Neuseelands erster Pub mit Alkohollizenz, wieder Ruhe eingekehrt ist.
Den meisten Touristen ist das Städtchen nur einen Abstecher wert, den viele mit einem kurzen Besuch in Opua verbinden. Denn auf dem Weg dorthin kommt man bei Clive Harwood vorbei, der in der Orongo Bay Austern züchtet und auch verkauft: zwölf Stück für etwa fünf Dollar.

Für Schulklassen zählt Waitangi zum Pflichtprogramm

Über die beste touristische Infrastruktur in der gesamten Bucht verfügt zweifellos das Städtchen Paihia: Hotels und Restaurants, in denen es in der Hochsaison zwischen Mitte Dezember und Ende Januar eng wird, die Anlegestelle, von der aus Ausflugsboote in die Bay starten, das Shipwreck Museum mit Fundstücken aus gesunkenen Schiffen und natürlich, auf der anderen Seite der Brücke über den Waitangi River, Waitangi selbst, ein Freilichtmuseum und nationales Denkmal neuseeländischer Geschichte. Immer wieder fahren dort Busse mit uniformierten Schulklassen vorbei, für die der Weg in das Besucherzentrum mit der gut inszenierten Multivisionsshow Pflichtprogramm ist. Draußen führt der Rundgang zu einem 36

Das Mission House in Waimate

Lange Strände laden zu Spaziergängen ein

Meter langen, hölzernen Maori-Kanu, dem kunstvoll gearbeiteten Marae, einem Versammlungshaus der Maori, und dem danebenstehenden Treaty House, das ein ansehnliches Beispiel kolonialer Bauweise ist.
Viele Baudenkmäler rund um Paihia lohnen einen Besuch. In guter Nachbarschaft stehen in Kerikeri, Zentrum des neuseeländischen Obstanbaus, gleich nebeneinander das Kemp House als ältestes noch existierendes Gebäude und der Stone Store, das erste Steinhaus Neuseelands. Die Missionare richteten sich damals schon komfortabel ein, um den Maori christliche Tugenden wie Beten und Arbeiten näher zu bringen. In Waimate North entstand 1831 die erste Missionsstation des Landes, ein regelrechtes Dorf, von dem heute nur noch das hölzerne Wohnhaus und die Kirche stehen.
In der Nähe lebt während der Wintermonate der aus Österreich stammende Künstler Friedensreich Hundertwasser, der als Maler für seine besondere Mischtechnik bekannt ist. Hundertwasser kam 1973 mit einer Wanderausstellung nach Neuseeland, die ihn von Auckland bis nach Dunedin im Süden führte.
In dem südpazifischen Inselstaat fand der Österreicher eine Umgebung, die seinen Ideen von einer paradiesischen Landschaft entsprach. Die weitgehend unzerstörte Natur inspirierte den Maler. Ein Jahr nach seiner ersten Ausstellung in der City Art Gallery genehmigten ihm die Behörden, nach Neuseeland einzuwandern, und Hundertwasser kaufte an der Bucht von Kaurinui ein 180 Hektar großes Landstück, das er zum Naturpark erklärte.

»Gott des Waldes« – ein Kauri-Baum der Superlative

Ein Geschichtskapitel eigener Art gebührt den alten Bäumen des Landes. Erzählen kann man es am Beispiel des Waipoua Kauri Forest, dem großen Waldgebiet nördlich von Dargaville auf der anderen Seite der Nordinsel. Kauris, wie die in Neuseeland beheimateten Urwaldriesen genannt werden, nehmen wahrlich gigantische Ausmaße an. Landesweit unangefochtener Champion ist mit einer Höhe von 51,51 Metern Tane Mahuta, was aus der Maori-Sprache übersetzt »Gott des Waldes« heißt. Sein Alter wird auf 1200 Jahre geschätzt.
Es grenzt an ein Wunder, daß der Riese überhaupt überlebt hat. Gierig nach dem edlen Hartholz, rodeten die ersten Siedler ganze Landstriche und rotteten die Kauris beinahe aus – auch weil sich die beinahe kerzengerade wachsenden und größtenteils astfreien Stämme her-

vorragend als Schiffsmasten eigneten. Häuser, Möbelstücke und einfache Kisten entstanden aus Kauri-Brettern.

Folge ungezügelter Rodung: riesige Flächen versteppten

Die unbedachte Rodung hatte für weite Regionen auf der Nordinsel verheerende Folgen. Ungeschützt war die Erdoberfläche der Erosion durch Wasser und Wind ausgesetzt und versteppte in kurzer Zeit. Noch heute sind die Wunden in der Landschaft noch sichtbar, denn nur langsam und mühselig können die verödeten Flächen im Rahmen von Aufforstungsprogrammen wieder begrünt werden. Allerdings nicht mit Kauris, sondern mit schnell wachsenden Nadelbäumen. Bei der Fahrt zum Cape Reinga, der Nordspitze Neuseelands, kann man sich nur mit Mühe vorstellen, daß die vegetationsarme Landschaft einst von mächtigen Kauri-Wäldern beherrscht war.
So gut wie wertlos ist heute das Kauri Gum, nicht selten zu kinderkopf-großen Klumpen erstarrtes Harz, das im vergangenen Jahrhundert eines der wichtigsten Exportgüter Neuseelands war. Von Gum Diggern aus dem Boden gegraben oder in halsbrecherischer Arbeit hoch oben vom Stamm abgeschlagen, diente das Harz als Rohstoff, beispielsweise zur Herstellung von Bodenbelägen und Schellack-Schallplatten.
Nicht nur viele Gum-Sammler, die meisten von ihnen waren eingewanderte Serben und Kroaten, kamen bei der gefährlichen Kraxelei an den Stämmen zu Tode, auch viele Kauris bluteten im wahrsten Sinne des Wortes aus. Um schneller größere Mengen an Harz zu erhalten, wurde die Rinde eingeritzt, ähnlich wie bei der Kautschuk-Gewinnung.

Cape Reinga – nur die Geister kommen weiter

Mit der Abholzung beschäftigt sich das kleine Museum der Familie Wagener bei den Hohoura Heads. Mit ein bißchen Glück trifft man Eric Wagener, der die Handhabe des einen oder anderen alten Werkzeugs mit ein paar Brocken Deutsch erklärt. Der Museumsleiter ist dabei, die Sprache seiner Vorfahren, die aus Bayern stammten und 1870 nach Neuseeland auswanderten, zu lernen –

Weiter nördlich geht's nicht: das Cape Reinga

Eine schäumende Brandung und rasante Wirbel prägen die nördliche Spitze des Landes, wo der Pazifik und die Tasman Sea aufeinandertreffen. Ein Leuchtturm macht vorbeifahrende Schiffe auf die gefährlichen Riffs am Cape Reinga aufmerksam. Wer sich die lange Fahrt mit dem Auto oder Fahrrad ersparen will, kann sich morgens mit dem Bus aufmachen, um den hohen Norden zu erkunden. Zurück führt die Fahrt den Ninety Mile Beach entlang und durch eine grandiose Dünenlandschaft. Lange Zeit war diese Gegend von dichten Kauri-Wäldern bedeckt. An sie erinnern nur noch wenige Exemplare dieser uralten Bäume.

Hohe Sanddünen säumen den Ninety Mile Beach

Das Museum der Familie Wagener bei den Hohoura Heads

mit Hilfe der vielen deutschsprachigen Touristen, die sein Haus besuchen.

Die Straße zum Cape Reinga ist eine Sackgasse. Folgt man der Mythologie, kommen hier nur die Maori weiter: als Geister nach dem Tod, wenn es die Seelen über den Ozean in die Urheimat nach Hawaiki zieht.

Hochbetrieb herrscht im hohen Norden des Landes bei der Post, denn kaum ein Tourist kehrt um, ohne in dem kleinen Postamt oben auf den Klippen gleich neben dem Leuchtturm eine Postkarte abstempeln zu lassen. Wenn das Wetter es zuläßt und kein Nebel den Abgrund verhüllt, kann man an der Nordspitze tief unten die tosende Brandung beobachten: Am Cape Reinga trifft der Pazifik auf die Tasman Sea, die Wellen laufen dort in spitzem Winkel aufeinander zu.

Die gewaltige Dünenlandschaft des tatsächlich »nur« 90 Kilometer langen Ninety Mile Beach begleitet den Highway 12 im Westen. Bei Ebbe wird der breite, ebene Sandstrand zur Rennpiste für Autos und Motorräder. Doch ohne großes Risiko ist der Spaß nur für Allrad-

Neuseeland ist ein Radlerparadies

Fahrzeuge, die sich in dem stellenweise nassen oder lockeren Sand nicht so schnell eingraben. Nicht ohne Grund setzen Autovermietungen bei Befahren des Strandes den Versicherungsschutz aus.

Doch die meisten Reisenden haben im Touristenbus Gelegenheit, die Strand-Autobahn zu nutzen. Das ist nicht die schlechteste Alternative, denn je höher man sitzt, desto weniger wird die Sicht durch die von Wasser und Sand bespritzten Scheiben behindert.

Familiär: das Hotel Omapere in Opononi

Tane Mahuta, ältester Kauri-Baum des Landes

Am Strand von Opononi

REISE-INFO NORTHLAND

Whangarei

Karte: Planquadrat B, C 2.
Wirtschaftszentrum des Northland.
Anreise: Mit dem Bus oder Auto. Etwa zwei Fahrtstunden von Auckland.
Sehenswürdigkeiten: Clapham's Clock Museum bezeichnet sich als das größte Uhrenmuseum der südlichen Hemisphäre (Water Street/Rose Gardens, täglich 10 bis 16 Uhr). Einen herrlichen Blick über den Hafen der Stadt genießt man vom War Memorial auf dem 240 Meter hohen Mount Parahaki.
Unterkunft: Gute Auswahl von Motels verschiedener Preisklassen.
Information: Visitor Information, Tarewa Park, Otaika Rd., Tel. 09/4 38 10 79.

Paihia

Karte: Planquadrat B2.
Touristischer Mittelpunkt der Bay of Islands. Hier starten die Busse in Richtung Northland und Schiffe zu Ausflügen in die Bucht.
Anreise: Mit Bus oder Auto. Der nächste Flughafen ist in Kerikeri.
Sehenswürdigkeiten: Das Treaty House, in dem am 6. Februar 1840 der Vertrag von Waitangi geschlossen wurde, ist heute ein kleines Museum (täglich 9 bis 17 Uhr). Schöne Aussicht auf das Inselgewirr. Neben dem Treaty House steht das Whare Runanga Marae mit Maori-Schnitzereien.
Am 6. Februar, dem Nationalfeiertag, werden in der Bucht mächtige Maori-Kriegskanus zu Wasser gelassen. An der Waitangi-Brücke liegt der Dreimaster »Tui«, ein »Schiffswrack-Museum«.
Unterkunft: Ausreichend Motels, in denen man außerhalb der Saison den Übernachtungspreis etwas herunterhandeln kann. Einige Unterkünfte bieten einen schönen Blick auf die Bucht, wie das Blue Pacific Hotel und das Beachcomber, beide in der Marsden Road etwas außerhalb des Ortszentrums. Gute Backpacker-Unterkünfte.
Sport: Tauchschulen vermitteln Ausflüge in die Bucht, auch zur »Rainbow Warrior«, dem 1985 von Agenten des französischen Geheimdienstes versenkten Greenpeace-Schiff, das als Marine Memorial vor Cavalli Island in 22 Meter Tiefe auf Grund liegt. Hochsee-Angler auf der Jagd nach Schwertfischen und Haien finden in Paihia ideale Bedingungen.
Ausgehen: Nur wenige gute Restaurants (z. B. Esmae's und Tides, beide auf der William's Road), jedoch viele preiswerte Imbißstuben.
Ausflüge: Lohnend ist ein Ausflug mit dem Schiff durch die Bay mit ihren über 100 Inseln und Inselchen. Etwa fünf Stunden dauert der Cream Trip. Ab und zu begleiten Delphine das kleine Boot, das auch die Post zu den Inselbewohnern transportiert. Ein moderner Katamaran fährt zum »Loch im Felsen« (Hole in the Rock Cruise) und durchfährt es auch.
Die beste Atmosphäre vermitteln aber Ausflüge mit dem Segelboot, beispielsweise mit dem 26 Meter langen Tall Ship »R. Tucker Thompson« (nur zwischen November und April, Abfahrt in Opua Wharf oder ab Russell, Informationen unter Telefon 09/4 02 84 30).
Tagesausflüge zum Cape Reinga in den einsamen, hohen Norden, wo der Pazifik und die Tasman Sea aufeinandertreffen, starten in Paihia und Kerikeri. Die Tour (z. B. Fullers, Tel. 09/4 02 74 21) dauert fast zwölf Stunden, bietet aber die Möglichkeit, den sehenswerten Ninety Mile Beach (Planquadrat A, B 1) ohne Risiko zu befahren. Bei Mietwagen erlischt dagegen der Versicherungsschutz. Der Bus hält auch an einigen Kauri-Bäumen, die jedoch nicht so mächtig sind wie der 51 Meter hohe Tane Mahuta (»Gott des Waldes«) im Waipoua Kauri Forest am Highway 12 zwischen Opononi und Dargaville (Planquadrat B2).
Ein ausgezeichnetes Kauri-Museum befindet sich rund 40 Kilometer südlich von Dargaville ebenfalls am Highway 12 Richtung Auckland: das Matakohe Museum (täglich 9 bis 17 Uhr).
Information: Bay of Islands Visitor Centre, Marsden Road (neben der Schiffsanlegestelle im Zentrum), Tel. 09/4 02 74 26.

Alte Missionskirche in Waimate North

Russell

Karte: Planquadrat B 2.
1000-Einwohner-Dorf an einer der schönsten Stellen der Bay.
Anreise: Entweder mit dem Schiff (nur Personenverkehr) von Paihia aus (etwa alle halbe Stunde) oder mit dem Auto über Opua (Fähre, alle 20 Minuten).
Sehenswürdigkeiten: Einen herrlichen Ausblick, vor allem am späten Nachmittag, genießt man vom Flagstaff Hill im Norden von Russell. Das Captain Cook Memorial Museum (York Street, täglich 10 bis 16 Uhr) zeigt u. a. eine Mini-Ausgabe des Cook-Schiffs »Endeavour«. In der anglikanischen Christ Church findet man immer noch Einschußlöcher aus den Kriegen zwischen Maori und weißen Siedlern.
Unterkunft: Einige attraktiv und ruhig gelegene Motels. Teuer, aber schön sind die Te Maiki Villas unterhalb des Flagstaff Hill (Tel. 09/4 03 70 46).
Ausgehen: The Gables (The Strand, Tel. 09/4 03 76 18) serviert ausgezeichnete Fischgerichte. Die Kneipe »Duke of Marlborough« (The Waterfront) erhielt als erstes Lokal in Neuseeland eine Alkohollizenz.
Information: Bay of Islands Maritime and Historic Park Headquarters, The Strand, Tel. 09/4 03 76 85.

Kerikeri

Karte: Planquadrat B 2.
Dorf mit dem werbewirksamen Namen »Fruchtschüssel im Northland«.
Anreise: Mit Flugzeug, Bus oder Auto.
Sehenswürdigkeiten: Am kleinen Hafen des Örtchens, dem Kerikeri Inlet, befinden sich mit dem Stone Store aus dem Jahr 1835 das älteste Steinhaus Neuseelands und daneben das älteste noch existierende Haus des Landes, das Kemp House aus dem Jahr 1822 (täglich 10 bis 16.30 Uhr). Oberhalb des Hafens steht das kleine Freilichtmuseum (täglich 9 bis 17 Uhr).
Unterkunft: Ein deutsches Ehepaar betreibt die Riverview Chalets Park Lodge (Tel. 09/4 07 87 41). Jugendherberge.

ROTORUA, BAY OF PLENTY

Unruhige Erde im Maori-Land

Wenn Maori die Zunge herausstrecken, handelt es sich nur um eine freundliche Begrüßung. Die Gegend um Rotorua ist eine Hochburg der ersten Einwanderer, die vor rund 1000 Jahren mit ihren Kanus in Neuseeland landeten. Immer wieder erlebt die vulkanische Region schwere Erdbeben. Eines legte Napier vor 60 Jahren in Schutt und Asche.

»Bay of Plenty«, Bucht des Überflusses, heißt die Küste bei Tauranga. Vor allem Sonnenschein und gute Böden gibt es hier mehr als genug – ideale Voraussetzungen für einen ertragreichen Obstanbau. Riesige Plantagen säumen die Landstraßen, vor allem Kiwis werden dort angebaut. Kein Wunder, daß sich Te Puke werbewirksam und vielleicht auch ein wenig selbstironisch als »Kiwi-Hauptstadt der Welt« bezeichnet. Von hier aus werden die »hairy berries«, die behaarten grünen Früchte, die ursprünglich aus China stammen, in alle Welt versandt.
Spätestens seit Kiwis auch in Europa zum üblichen Obstsortiment zählen, ist ihr Anbau lohnend. Eine Vorzeigeplantage im Wortsinn ist Kiwi Fruit Country, wo Besucher alles über Anbau, Ernte, Lagerung und Versand der empfindlichen »chinesischen Stachelbeere« erfahren.

Goldsuche modern: lukrativ durch rationellen Abbau

Richtiges Gold gibt es einige Kilometer nördlich in Waihi. Als das Edelmetall um die Jahrhundertwende dort zum ersten Mal entdeckt wurde und ein wahrer Rausch einsetzte, wuchs die Stadt rasch zur größten Ansiedlung südlich von Auckland. Von diesen vergangenen Zeiten zeugt noch die von Efeu umrankte Ruine eines Schachtturms der Martha Hill Mine.
Anhaltende Nachfrage und rationelle Abbaumethoden machen die Suche nach dem Edelmetall heute wieder lukrativ. Bis zum Jahr 2001 will eine neuseeländisch-australische Gesellschaft im großflächigen Tagebau jährlich 55 000 Unzen Gold und 300 000 Unzen Silber aus dem Boden holen. Die geschundene Landschaft soll danach durch aufwendige Rekultivierungsmaßnahmen wieder hergerichtet und Erholungsgebiet werden, versprechen die Initiatoren des Projekts.
Alles andere als Reichtum vermutete James Cook, als er am 9. Oktober 1769 dort, wo heute die Stadt Gisborne liegt, erstmals seinen Fuß auf neuseeländischen Boden setzte und von Maori angegriffen wurde. Poverty Bay, Armutsbucht, nannte er die Küste um das East Cape, weil es hier nichts gab, was der Brite nützlich fand. Der 12jährige Schiffsjunge Nick Young war der erste

Die heißen Quellen von Whakarewarewa sind traditionelle Badeplätze der Maori

auf Cooks Schiff »Endeavour« gewesen, der Land gesichtet hatte, weshalb die Landspitze südlich von Gisborne ihm zu Ehren den Namen Young Nick's Head trägt.
Nur wenige Menschen haben sich in

Bei Rotorua liegt das Maori-Dorf Ohinemutu

Fein geschnitzter Giebel eines Maori-Hauses

In Whakarewarewa führen Maori ihre Tänze vor

Bowls-Spieler vor dem Badehaus Tudor Towers

der Einsamkeit und Abgeschiedenheit des East Cape niedergelassen. Zu weit entfernt liegen die Hauptverkehrsverbindungen und großen Städte auf der anderen Seite des unwegsamen Urewera National Parks. Nur eine kurvenreiche Schotterstrecke führt durch den drittgrößten Naturpark des Landes, vorbei an der kleinen Maori-Siedlung Ruatahuna. Dort leben Nachfahren des Sektenführers Te Kooti, der als »Maori Moses« Mitte des 19. Jahrhunderts von den britischen Kolonialherren des Landes verwiesen wurde. Ein Gefecht zwischen seinen Gefolgsleuten und Weißen im Jahre 1868 an der Poverty Bay kostete insgesamt 70 Menschen das Leben.
Sehenswert in Ruatahuna sind heute die vier Maraes, Maori-Versammlungs-

Infos über Neuseelands Wolltiere: Agrodome bei Rotorua

Das ehrwürdige Bath House im Zentrum Rotoruas erinnert an die Jahrhundertwende, als die neuseeländische Regierung den Maori das Land am Lake Rotorua abkaufte und dort einen Badeort errichtete. Der Ort bot sich geradezu an, denn er liegt im Zentrum einer vulkanisch besonders aktiven Region mit heißen Quellen, Geysiren und blubbernden Schlammlöchern. Doch Rotorua ist auch ein kulturelles Zentrum der Maori geblieben.

Unterhalb des Ruapehu steht seit 1920 das Grandhotel »Chateau«

Wasserflugzeuge erschließen entlegene Regionen des Lake Taupo

Moorlandschaften bedecken das Zentrum der Nordinsel

Schäumend stürzt der Waikato River die Huka Falls hinunter

Nach alten Vorlagen gefertigt: Maori-Reliefs am Lake Taupo

Bei Wairakei betreibt Erdwärme ein Thermalkraftwerk

Der Weitsicht des Ngati Tuwharetoa-Stammes ist es zu verdanken, daß Neuseelands ältester Nationalpark 1987 seinen hundertsten Geburtstag feiern konnte. Um das Tongariro-Gebiet vor der Ausbeutung durch die Weißen zu schützen, übereigneten die Maori die Region im Jahr 1887 der englischen Krone mit der Auflage, sie zum Schutzgebiet zu erklären. Mehrere Wanderwege erschließen den Park südlich des Lake Taupo, darunter der bis zu vier Tage dauernde Tongariro Track.

häuser, des hier lebenden Tuhoe-Stamms. Der landschaftlich schonste Teil des Nationalparks liegt allerdings südlich des Lake Waikaremoana.
Hinter Wairoa folgt der Highway 2 der langgezogenen Hawke Bay bis nach Napier. Die Stadt ist weltweit eine der wenigen, die fast einheitlich im Art Deco-Stil errichtet wurden, nachdem die Mitte der zwanziger Jahre in Paris entwickelten geometrisch-kühlen Formen in Mode gekommen waren.
Doch Napier spielte nicht freiwillig den Trendsetter: Ohne Vorwarnung erschütterte am 3. Februar 1931 um genau 10.46 Uhr ein drei Minuten langes, heftiges Erdbeben die Region. Die meisten Gebäude stürzten ein, der Rest fiel der anschließenden Feuersbrunst zum Opfer. 256 Menschen kamen dabei ums Leben.
Bis auf vereinzelte Bauten hatte sich die Stadt in einen Trümmerhaufen verwandelt. Doch schnell machten sich die Überlebenden an den Wiederaufbau, soweit möglich im Art-Deco-Stil. Nach nur knapp drei Jahren war Napier wiedererrichtet, mit zweistöckigen Straßenzügen voller sparsam, aber geschmackvoll verzierter Häuserfassaden, die noch heute anschauenswert sind.

Risse im Felsen zeugen von heftigen Erdbeben

Wer mehr über das Erdbeben erfahren möchte, kann sich im Museum umsehen oder südöstlich der Stadt bei Ebbe am Strand entlanggehen, vorbei an der hohen Steilküste, in die das Beben breite Spalten gerissen hat. Cape Kidnappers taufte Captain Cook die Landspitze im Osten, nachdem Maori dort versucht hatten, ein aus Tahiti stammendes Mitglied der Schiffsbesatzung zu entführen.
Auch die Bezeichnung Gannet's Cape ist nicht falsch, denn oben auf den Felsen, hoch über dem Meer, befinden sich ausgedehnte Kolonien von Tölpeln oder Gannets, wie die Vögel in der englischen Sprache heißen. 15 000 Touristen und Ornithologen, die jährlich zum Cape pilgern, haben die tolpatschig wirkenden Vögel an Menschen gewöhnt.
Auf der schmucken Strandpromenade Marine Parade gleich am Stadtzentrum von Napier mit Cafés, einer Delphin-

Show und kleinen Parks, spärlich beleuchtet von bunten Lämpchen, findet man im Sommer ein wenig die Atmosphäre eines mediterranen Seebades. Nur wenig entfernt befindet sich am Hafen das größte Wollzentrum auf der südlichen Erdhalbkugel. Einige fellverarbeitende Betriebe verkaufen die Häute zu günstigen Preisen direkt an Kunden.

Lake Taupo: berühmt für prächtige Regenbogenforellen

Weit weg von der Küste liegt fast im Zentrum der Nordinsel der Lake Taupo, mit 606 Quadratkilometern der größte See Neuseelands. Unweit seines nordöstlichen Ufers stürzt der später gewaltige Waikato River bei den Aratiatia Rapids schäumend die Huka-Wasserfälle hinab.

Unter Anglern ist der See berühmt für seine prächtigen Regenbogenforellen. Die Edelfische dürfen nicht kommerziell gefangen werden und stehen im ganzen Land weder auf den Speisekarten der Restaurants, noch werden sie zum Verkauf angeboten. Doch die neuseeländische Gastronomie ist flexibel: In einigen Restaurants, auch in der Stadt Taupo, können Gäste ihre selbstgeangelten Forellen zubereiten lassen.

Im kleinen Hafen von Taupo bieten Segel- und Motorboote Ausflüge über den See an. Die meisten Touren führen auch zu den Maori Rock Carvings. Die gigantischen Reliefs in den Felsen am Ufer schufen Steinmetze Anfang der achtziger Jahre nach traditionellen Maori-Motiven.

Wer im Zentrum der Nordinsel unterwegs ist, bewegt sich auf unsicherem Boden, denn die Erde ist in dieser Region geologisch noch sehr aktiv. Es verwundert kaum, daß die Neuseeländer sich diesen Umstand zunutze machen: Zehn Kilometer nördlich von Taupo hüllt weißer Dampf die Wairakei Geothermal Power Station ein, das zweitgrößte Thermalkraftwerk der Welt. Ein Informationszentrum zeigt Besuchern anschaulich, wie Neuseeland aus bis zu 600 Meter tiefen heißen Quellen Energie gewinnt.

Im Norden brodeln in der Umgebung von Rotorua im Schatten des Vulkans Mount Tarawera zahlreiche Thermalgebiete, und im Süden stehen im Tongariro National Park gleich drei aktive Vul-

Am Cape Kidnappers brüten Tausende von Tölpeln

Als die munteren Ladies mit ihrem alten Auto noch Kinder waren, verwandelte im Februar 1931 ein gewaltiges Erdbeben die Städte Napier und Hastings in Schutthaufen. Die Katastrophe erweist sich im nachhinein als Glücksfall, denn die vielen Gebäude im Art-Deco-Stil machen die Kleinstadt heute zum touristischen Ziel.

Viele verbinden den Besuch mit einem Ausflug zum Cape Kidnappers, auf dessen Felsen Tölpel nisten. Ausgerüstet mit einem guten Fernglas, lassen sich die schönen, wenig scheuen Vögel gut beobachten.

Tölpel im Spiegelbild

kane unter Dampf: Tongariro, Ngauruhoe und Ruapehu.

Schutzgebiet auf Maori-Wunsch: der Tongariro National Park

Der Vulkanismus ist hier so beherrschend, daß die Maori ihn in ihre Mythologie aufnahmen. Für sie ist Ruaumoko der Gott der Erdbeben und Vulkanausbrüche, mit denen er Menschen wie lästige Fliegen abzuschütteln versucht, die seiner Mutter, der Erdgöttin, allzu nahe auf den Leib rücken. Einen großen Teil der Fläche des Tongariro National Parks, dem ältesten in Neuseeland, übergaben die Maori 1887 der

Art-Deco-Kuppel im Abendlicht

englischen Krone, um dort die Natur unter Schutz zu stellen. Das scheint Ruaumoko besänftigt zu haben: In den letzten 100 Jahren haben sich die drei Vulkane kaum geregt.

Wie eine Festung steht unterhalb des Ruapehu-Gipfels das 1920 erbaute Grandhotel Chateau Tongariro. Der spröde Charme der dicken Mauern und des wuchtigen Interieurs passen zur kolossalen, rauhen Gebirgslandschaft.

Bar in Napier: schönstes Art Deco

Drei rüstige Ladies ...

Napier wurde im Art-Deco-Stil wiederaufgebaut

Zahlreiche schmale Wanderpfade führen über das lediglich mit Tussock-Grasbüscheln bewachsene Hochplateau und die schroffen Hänge zu den Taranaki-Wasserfällen und gewähren grandiose Aussichten auf den immer schneebedeckten Gipfel des Ruapehu.
Der harmlos dahinqualmende Krater des Mount Tarawera bei Rotorua läßt kaum vermuten, daß der Vulkan am 10. Juni 1886 ausbrach und 150 Menschen unter feuriger Asche und Gestein begrub. Das Dorf Te Wairoa am Tarawera-See wurde gänzlich verschüttet. Heute ist das Buried Village, das begrabene Dorf, ein bis zu den Fundamenten ausgegrabenes Freilichtmuseum, das erahnen läßt, welche Urgewalten bei der Eruption damals frei wurden.
Weihnachten 1953 brach der Tarawera erneut aus. Schlamm, Geröll und Felsen ergossen sich über die Hänge, und eine Eisenbahnbrücke, über die gerade der Zug nach Wellington fuhr, wurde zerstört. 151 Passagiere starben.

Rotorua: Geysire und die Kultur der Maori

In und um Rotorua kann keiner der Hitze im Erdinnern ausweichen. Auf dem Golfplatz müssen immer wieder Bälle aus Schlammlöchern und zahlreichen Geysiren gefischt werden. Überall steigt der scharfe Geruch von Schwefel in die Nase, und in den Polynesian Pools sorgt die Erdwärme für angenehm temperiertes Wasser.
Rotorua ist die Metropole der Maori, die am Rande des Geysirgebiets Whakarewarewa (bei den Maori heißt es kurz Whaka) ein Kunst- und Kulturzentrum errichteten. Dort sollen Tänze und Gesänge, Sagen und Historie erhalten bleiben, vor allem auch das Kunsthandwerk. Es orientierte sich früher fast ausschließlich an menschlichen Formen und konzentrierte sich auf den Kopf »Tapu«, den heiligen Teil des Körpers. Bei seiner Darstellung kam es den Maori stärker auf die Tätowierung als auf individuelle Gesichtszüge an, denn dieser Schmuck war Ausdruck des Ansehens, das sich vor allem Männer durch Tapferkeit in Kriegen erwarben. Durch Verzierung ihrer Versammlungshäuser und Eingangstore in die Dörfer brachte man zudem Siege über feindliche Stämme zur Geltung und hob so das eigene Ansehen.

Mit schützendem Hut: Briefträgerin in Napier

Neuseelands Nationaltier: der flugunfähige Kiwi

Ursprünglich aus China: die vitaminreiche Kiwi-Frucht

REISE-INFO
ROTORUA, BAY OF PLENTY

Bay of Plenty

Karte: Planquadrat D, E 4.
Anreise: Mit dem Zug Kaimai Express, der zwischen Auckland und Tauranga verkehrt, sowie mit dem Bus.
Sehenswürdigkeiten: Die Plantage Kiwifruit Country liegt am Highway 2 außerhalb von Te Puke in Richtung Rotorua. Führungen täglich zwischen 9 und 15.45 Uhr, Telefon 06/5 73 63 40. Hochbetrieb herrscht zur Erntezeit im Mai, anschließend findet ein großes Kiwi-Festival in Te Puke statt.
Ausflüge: Zur Martha Hill-Goldmine in Waihi fährt man Richtung Coromandel Peninsula. Kostenlose Führungen durch das Gelände Mo bis Fr um 9.30 und 13 Uhr. Das Infozentrum ist dort täglich 9 bis 17 Uhr geöffnet (Tel. 06/ 8 63 87 15).
Schön gelegen ist Te Aroha an der Spitze der Raukumara Range. Übernachtung in der Jugendherberge.
Sport: Der beste Surf-Strand an der Bay of Plenty befindet sich am Ocean Beach bei Tauranga.
Information: Visitor Centre, The Strand, Tauranga, Tel. 06/5 78 81 03.

Rotorua

Karte: Planquadrat D 4.
Rotorua (62 000 Einwohner) ist bekannt als aktive Vulkanregion sowie für die dort gepflegte Kultur der Maori.
Anreise: Mit dem Zug Geyserland Express von Auckland oder dem Bus. Alle inländischen Fluggesellschaften (Air New Zealand, Mount Cook Airlines, Ansett) fliegen die Stadt an; der Flughafen liegt etwa zehn Minuten von der Innenstadt entfernt.
Sehenswürdigkeiten: Das Maori-Kunst- und Kulturzentrum Whakarewarewa (Maori Arts and Crafts Institute). Folklore-Aufführungen täglich um 12.15 Uhr. Im Whaka befindet sich auch der mit einer bis zu 30 Meter hohen Fontäne stärkste Geysir des Landes, Pohutu.
Das Maori-Dörfchen Ohinemutu am Rande der Innenstadt von Rotorua ist ebenfalls einen Besuch wert und besitzt mit dem Tamatekapua Marae eine authentische Bühne für Maori-Konzerte (Aufführungen täglich um 20 Uhr, Tel. 07/3 48 48 46). Über die Geschichte der Te Arawa, die als erster Stamm im 14. Jahrhundert in diesem Gebiet zu Hause waren, informiert das Bath House and Museum, ein mächtiges Gebäude im Tudor-Baustil aus dem Jahr 1907 (Mo bis Fr 10.30 bis 16 Uhr, am Wochenende 13 bis 16.30 Uhr). Neben dem Museum befinden sich am Lake Rotorua die Polynesian Pools (Hinemoa Street, auch mit Becken in abgetrennten Kabinen), die täglich von 9 bis 22 Uhr geöffnet sind. Handtücher kann man ausleihen.
Im Agrodome sieben Kilometer außerhalb von Rotorua werden täglich um 9.15, 11 und 14.30 Uhr alle 19 neuseeländischen Schafarten vorgeführt.
Unterkunft: Reichhaltige Auswahl, die meisten Motels befinden sich entlang der Fenton Street. Die (günstigen) Preise sind oft außen angeschlagen. Eine schöne Aussicht auf das Thermalgebiet bietet das Geyserland Resort Hotel (Tel. 07/ 3 48 20 39). Jugendherberge.
Ausgehen: Eine Reihe von meist durchschnittlichen Restaurants lebt vor allem von den vielen Touristen, die Rotorua das ganze Jahr über besuchen. Empfehlenswert ist das You and Me (31 Pukuatua Street, Tel. 07/3 47 61 78). Verschiedene große Hotels (wie Sheraton und Hyatt) haben Hangi-Abende mit Maori-Kriegstänzen (Haka) und Dinner-Buffet im Programm. Meist sind keine Videoaufnahmen erlaubt.
Ausflüge: Zu empfehlen ist ein Rundflug über die Thermalgebiete. Besonders aufregend ist die Landung auf dem Tarawera (Volcanic Wonderflites, Tel. 07/3 45 60 79). Flüge werden am Flugplatz und am Lake Rotorua (Landeplatz für Wasserflugzeuge) angeboten. Eine Autofahrt zum Buried Village und zu den Green und Blue Lakes führt ebenfalls in die Nähe des Tarawera.

Delphin-Show in Napiers Marineland

Die reizvollsten Geysirgebiete liegen außerhalb Rotoruas: Hell's Gate (Richtung Whakatane am Highway 30), das Waimangu Volcanic Valley (interessante Wanderung vorbei an einem dampfenden See) und das Waiotapu Thermal Valley (beide am Highway 5 auf dem Weg nach Taupo).
Zweimal täglich legt eine Fähre zur Insel Mokoia im Lake Rotorua ab, wo an Sommerabenden Barbecues veranstaltet werden.
Veranstaltungen: Der populärste Marathonlauf Neuseelands, der Fletcher Challenge Marathon, führt Anfang Mai rund um den Lake Rotorua.
Information: Visitor Information, 67 Fenton Street, täglich 8.30 bis 17 Uhr, Tel. 07/3 48 51 79.

Taupo

Karte: Planquadrat C, D 5.
Neuseelands größter See, Lake Taupo, ist auch das geographische Zentrum der Nordinsel. Taupo selbst ist ein kleines, recht unscheinbares Örtchen mit knapp 15 000 Einwohnern.
Anreise: Mit Bus oder Flugzeug (Mount Cook Airlines).
Unterkunft: Die exklusive Huka Lodge liegt nahe den Huka Falls direkt am Waikato River. Für Anhänger von Thermalbädern: Das Karaka Tree Motel (216 Lake Terrace, Tel. 07/48 24 32) und der De Bretts Motor Home Park (am Highway 5 Richtung Napier, Telefon 07/ 48 85 59) verfügen über private Pools.
Sport: Angler auf der Suche nach Forellen (trout fishing) kommen am Lake Taupo das ganze Jahr über auf ihre Kosten. Am Hafen von Taupo hilft Taupo Lakeside Services (Tel. 07/3 78 55 96 weiter. Wer will, kann den See, einen ehemaligen Krater, dicht am Ufer umrunden: Privateigentum und Zäune gibt es dort nicht.
Ausflüge: Eine Fahrt mit Motor- oder Segelbooten führt zu den (neuzeitlichen) Maori-Carvings. Täglich von 9 bis 12 Uhr und 13 bis 16.30 Uhr kann man sich im Infozentrum der Wairakei Geothermal Power Station etwa zehn Kilometer nördlich vom Lake Taupo über Neuseelands erstes Kraftwerk informieren.

Information: Visitor Information, täglich 8.30 bis 17 Uhr, 13 Tongariro Street, Tel. 07/3 78 90 00.

Tongariro National Park

Karte: Panquadrat C 5.
Am Fuß des mit 2797 Meter höchsten Bergs der Nordinsel, Mount Ruapehu, lassen sich im Sommer herrliche Wanderungen durch den Tongariro National Park unternehmen.
Anreise: Busverkehr bis zum Ort National Park oder Ohakune.
Unterkunft: Viel Stil (und angeblich einen Hausgeist) bietet das Chateau Resort Hotel am Fuß des Mount Ruapehu in Whakapapa (Reservierungen unter Tel. 07/8 92 38 09). Die Mehrzahl der auf Skitourismus eingestellten Motels befindet sich in National Park und Ohakune. Zwischen Juli und September sollte man Zimmer im voraus reservieren.
Information: Ranger Station, Whakapapa Village, Tel. 07/8 92 37 29, täglich 8 bis 17 Uhr

Napier, Hawke Bay

Karte: Planquadrat D, E 5.
Die Hawke Bay ist eine weite Bucht an der Ostküste mit 150 000 Menschen, 50 000 davon in der Art-Deco-Stadt Napier.

Tor zum Maori-Kulturzentrum in »Whaka«

Heiße Quellen speisen die Polynesian Pools in Rotorua

Anreise: Per Zug mit dem Bay Express von Auckland, mit dem Bus oder Flugzeug.
Sehenswürdigkeiten: Die Visitor Information verteilt eine Broschüre, mit der man einen Bummel durch die Art-Deco-Stadt Napier unternehmen kann; er dauert etwa 90 Minuten. Einige imposante Gebäude, z. B. die Rothman's Fabrik, stehen außerhalb der Innenstadt. Das Museum (65 Marine Parade, Di bis Fr 10 bis 16.30 Uhr, am Wochenende 13 bis 16.30 Uhr) erzählt in einer Audio-Vision die Geschichte der Stadt.
Interessant sind das Kiwi House (Marine Parade, täglich 11 bis 15 Uhr, Fütterungen um 13 Uhr) und die Besichtigung eines Verarbeitungsbetriebs für Schaffelle (The Tanner's – Classic Sheepskins, Thames Street, Mo bis Fr um 11 und 14 Uhr). Das Marineland an der Marine Parade bietet zweimal täglich um 10.30 und 14 Uhr eine Show mit Seelöwen und Delphinen.
Ausgehen: Empfehlenswerte Fischrestaurants sind Beaches (Marine Parade am War Memorial Building, Telefon 06/35 81 80) und Bayswater on the Beach (Hardinge Road).
Unterkunft: Gute Motels und Backpacker-Unterkünfte, einige davon an der Marine Parade. Art-Deco-Atmosphäre herrscht im Masonic Establishment (Tennyson Street, Telefon 06/8 35 86 89), das über eine Bar und Disko mit Live-Musik verfügt.
Ausflüge: Am Cape Kidnappers befindet sich die größte Tölpel-Festlandskolonie Neuseelands. Rund 10 000 der gelbköpfigen Vögel brüten dort zwischen November und April. Die Kolonie erreicht man per Traktor und Anhänger vom Sullivan's Motor Camp (Campingplatz) in Te Awanga, etwa 20 Kilometer südöstlich von Napier oder von Clifton nach acht Kilometern entlang dem Strand (auf die Gezeiten achten; die Visitor Information empfiehlt, Clifton nicht früher als drei Stunden nach Hochwasser zu verlassen und das Cape nicht später als 90 Minuten nach Niedrigwasser).
Eine Weintour führt zu den besten Weingütern der Umgebung (wie McDonald Winery und die Mission Winery, beide an der Church Road im Ortsteil Taradale, geöffnet zu den üblichen Ladenzeiten).
Einen Besuch wert ist der Urewera-Nationalpark, der über einen Campingplatz am Lake Waikaremoana verfügt. Der 43 Kilometer lange Waikaremoana Track führt zum Panekiri-Plateau (drei Tage), der Mount Manuoha Track auf den mit 1402 Metern höchsten Punkt des Parks (zwei Tage). Verpflegung muß mitgenommen werden, unterwegs stehen fünf Hütten zur Verfügung.
Informationen: Visitor Information, Marine Parade, Tel. 06/8 35 49 49, Mo bis Fr 8.30 bis 17 Uhr, am Wochenende von 9 bis 17 Uhr.

POND'S

Entdecken Sie das jahrtausendealte Geheimnis der Aloe Vera

Exotische Vögel, farbenprächtige Blumen und Pflanzen, Palmen, Sand und Meer. Sie wandern in Palmenhainen, schwimmen in türkisfarbenem Wasser, genießen tropische Köstlichkeiten und sind in einer anderen Welt – weit weg vom Alltag.

Und Ihre Haut? Samtweich und geschmeidig soll sie dann sein, glatt, makellos und zum Streicheln einladen. Besonders zur warmen Jahreszeit, wenn also viel Haut gezeigt wird.

Kosmetische Wirkstoffe aus den Tropen schenken Schönheit

Schöne Haut kommt nicht von ungefähr. Nur wenn sie regelmäßig mit Produkten, die ihr viel Feuchtigkeit spenden, gepflegt wird, zeigt sie sich von ihrer schönsten Seite. Wichtig dabei: reine, kosmetische Wirkstoffe, die in die Tiefe gehen. Auch eine positive Selbsteinschätzung und ein gesundes Körperbewußtsein tragen maßgeblich zur Schönheit Ihrer Haut bei. Nehmen Sie sich Zeit für Ihren Körper und dessen Pflege.

Pond's Tropical Line ist eine Pflegeserie, die die Haut mit kosmetischen Wirkstoffen der Tropen verwöhnt. Besonders im Sommer – bei trockener Haut – ist die Pond's Feuchtigkeitsmilch oder die Hautpflegecreme mit natürlicher Aloe Vera als hochwirksamer Feuchtigkeitsspender genau das Richtige. Lotion und Creme ziehen schnell ein, beleben durch einen angenehmen Duft und pflegen trockene, von der Sonne verwöhnte Haut, machen sie samtweich und geschmeidig. Komplettiert wird Pond's Tropical Line mit Aloe Vera durch eine belebende Pflegedusche und ein mildes Pflegebad.

Übrigens: Für normale Haut gibt es die gleichen Produkte mit echter Kakaobutter, einer tropischen Substanz, die die Haut wirkungsvoll glättet. Und ganz speziell für Männer wird eine Pflegedusche mit Kaktusblütenextrakten angeboten.

POND'S

Das Tropengeheimnis samtweicher Haut

»Bienenkorb« nennen die Einheimischen scherzhaft ihr Parlament, in dem auch »große« Politik gemacht wird. Selbst die Supermacht USA mußte kuschen, als Neuseeland in den achtziger Jahren deren Atomschiffen die Häfen verwehrte. Wie viele »Kiwis« zieht es auch die Wellingtonians am Wochenende zu Sport, Action und Picknick in die Natur.

WELLINGTON, NEW PLYMOUTH

Hauptstadt-Geschäfte im »Bienenkorb«

Eines der größten Holzgebäude der Welt: die Government Buildings

Dichter Straßenverkehr in der Innenstadt

Die Hauptstadt umschließt die natürliche Hafenbucht Port Nicholson

Erdbebensichere Hochhäuser am Lambton Quay

Unter dem Druck der Südinsel-Bewohner verlegten die Neuseeländer 1865 ihre Hauptstadt vom Norden in den Süden der Nordinsel, nach Wellington. Wenige Jahre später waren die Government Buildings fertiggestellt, mit 9411 Quadratmeter Grundfläche das zweitgrößte hölzerne Bauwerk überhaupt. Ganz aus Holz erbaut ist auch die St. Paul's Cathedral, die der Staat in Erinnerung an die Frühzeit Neuseelands als Museum erhält. Ihren Ausgang nahm die Entwicklung Wellingtons im heutigen Regierungsviertel. Weite Teile der halbkreisförmig um den Hafen liegenden Stadt stehen auf neugewonnenem Land.

Der botanische Garten im Stadtteil Kelburn

Viele Asiaten haben in Neuseeland ein neues Zuhause gefunden

Wellington empfängt seine Besucher meist stürmisch: An vielen Tagen weht eine steife Brise durch die Straßen der Hauptstadt und erinnert an eine neuseeländische Weisheit, nach der man einen Wellingtonian stets daran erkennt, daß er seinen Hut auf dem Kopf festhält. Die örtliche Rundfunkstation nennt sich natürlich Radio Windy.

Den Launen des Wetters zum Trotz besitzt Wellington einen besonderen Charme. Um Port Nicholson, die ausladende, natürliche Hafenbucht, deren enge Einfahrt James Cook einst übersehen hat, steigt das Häusermeer die steilen Hänge hinauf. Einen Panoramablick bietet die Aussichtsplattform auf dem Mount Victoria südöstlich des Stadtzentrums: ein ganz besonderes Erlebnis bei Dunkelheit, wenn in Downtown zahllose Lichter funkeln.

Im Zentrum rund um die Haupteinkaufsstraße Lambton Quay und zwischen hoch aufragenden Bürotürmen herrscht tagsüber geschäftiges Treiben – und absolute Parkplatznot. Das Meer vor sich und im Rücken eine steile Hügelkette, kämpft man in Wellington um jeden Zentimeter Boden. Dichtgedrängt stehen Wohnhäuser am Hang, und viele sind nur über Treppen zu erreichen.

Mit dem Bau der Cable Car im Jahr 1902 machten die Wellingtonians aus der Not eine Tugend. Die elektrisch betriebene, knallrote Bahn bringt ihre Passagiere in nur sieben Minuten vom Lambton Quay zum 122 Meter höher gelegenen Stadtteil Kelburn. Downtown Wellington und Port Nicholson liegen malerisch zu Füßen, und ein paar Schritte entfernt lädt der reizvoll gestaltete Botanische Garten zum Spaziergang den Hügel hinab ein.

Der Weg führt durch den Bolton Street Memorial Park, den historischen Friedhof Wellingtons, wo zahlreiche frühe Siedler und Staatsmänner begraben liegen. Unter ihnen ist der Gründer der Stadt, Edward Gibbon Wakefield. Auf der Suche nach einem besseren Leben als im damaligen England war der Weltenbummler Mitte des vergangenen Jahrhunderts nach Neuseeland gekommen. Für die New Zealand Company trieb er die Besiedlung Wellingtons erfolgreich voran, obwohl die ungünstigen klimatischen und räumlichen Gegebenheiten die neuen Siedler anfangs eher abschreckten. Angst erzeugten auch die Erdbeben, die heute noch von Zeit zu Zeit das Stadtgebiet erschüttern und den Bau besonders standfester Häuser notwendig machen. Bei einem Beben im Jahr 1855 hob sich das Land weit über den Meeresspiegel mit der Folge, daß der bis dahin am Wasser gelegene Lambton Quay plötzlich keine Uferstraße mehr war.

Ort internationaler Politik: Neuseelands dritte Hauptstadt

Ein Stück außerhalb der City, wo die lebendige Atmosphäre des Geschäftsviertels dem Flair eines gemütlichen Provinzstädtchens weicht, mag man kaum glauben, daß in Wellington große und internationale Politik gemacht wird. Mit dem Einlaufverbot für atomgetriebene und mit atomaren Waffen bestückte Kriegsschiffe brachte die Regierung in den achtziger Jahren die Supermacht USA in Bedrängnis und sich selbst in die internationalen Medien.

Wellington ist die dritte Hauptstadt des Landes: Nach der Verlegung des Regierungssitzes von Russell nach Auckland dauerte es noch 15 Jahre, bis der Stadt an der Cook Strait diese Rolle zufiel – obwohl die damals schlechten Verkehrsverbindungen die Regierungsgeschäfte von Auckland aus schon früh sehr erschwert hatten. Erst als auf der Südinsel Unmut laut wurde und man Ideen für eine eigene Verwaltung entwickelte, stimmte die Kolonialverwaltung der Verlegung zu.

Aus Holz errichteten frühe Siedler die St. Paul's Cathedral

Elf Jahre später waren 1876 die Government Buildings fertiggestellt – eine architektonische Meisterleistung, aber leider nicht erdbebensicher. Nach dem Todaiji-Tempel in Japan gilt der 9411 Quadratmeter große Komplex als das zweitgrößte hölzerne Bauwerk der Welt: Durch seine Verkleidung mit Kauri-Holz wirkt es wie aus Stein gebaut. Bedeutend auffälliger ist der Beehive, wie das moderne, mehr als 70 Meter hohe, bienenkorbähnliche Regierungsgebäude genannt wird. Da neuseeländische Politiker wenig Berührungsängste mit ihrem Volk haben, sieht man in dem Restaurant mit dem sinnigen Namen Backbencher, Hinterbänkler, an der Ecke Molesworth und Sydney Street mittags auch Minister am Nebentisch sitzen – ohne Leibwächter.

Berühmteste Schriftstellerin des Landes: Katherine Mansfield

Kulturell ist die Hauptstadt bemüht, sich einen Namen zu machen. Neuseeländische Kunst beherbergt die National Art Gallery and Museum, ausschließlich Avantgardistisches gibt es im Shed II, einer ehemaligen Lagerhalle in der Nähe des Hafens, zu sehen. Und auch die berühmteste Schriftstellerin Neuseelands, die 1923 im Alter von nur 34 Jahren gestorbene Katherine Mansfield, war in Wellington zu Hause. Ihr Geburtshaus in der Tinakori Road kann ebenso besichtigt werden wie die St. Paul's Church, eine in den Anfängen Wellingtons (1866) erbaute Kirche mit edlem hölzernen Interieur.

An sonnigen Wochenenden zieht es auch die Wellingtonians ans Wasser. Die schönsten stadtnahen Strände liegen nordwestlich an der Tasman Sea zwischen Plimmerton und dem Örtchen Paraparaumu, das gleich zwei Attraktionen besitzt: Das Southward Car Museum zeigt über 200 aufpolierte Oldtimer, darunter den Cadillac von Marlene Dietrich. Und weil Neuseeland reich an Natur und Landwirtschaft, aber arm an kulturellen Sehenswürdigkeiten ist, darf selbst Kapiti Cheese auf der Lindale Farm auf der Liste sehenswerter Orte nicht fehlen: Der derzeit kreativste Käseproduzent hat mehr als 30 Sorten im Angebot.

Am Ufer des wilden Wanganui River drei Fahrtstunden nördlich von Wellington war das Dorf Pipiriki Anfang

Um Downtown herum ziehen sich Wohngebiete die Hänge hinauf

Aus der Not eine Tugend: Cable Car auf dem Weg nach Kelburn

Katherine Mansfields Geburtshaus erinnert an Neuseelands berühmteste Schriftstellerin

Über 30 Käsesorten hat die Kapiti Cheese Factory im Angebot

dieses Jahrhunderts ein touristischer Magnet, denn damals starteten dort die beliebten Kreuzfahrten mit Raddampfern. Heute zieht es nur noch Reisende mit viel Zeit im Gepäck die 80 Kilometer lange, teilweise unbefestigte Strecke durch das Flußtal hinauf nach Pipiriki. Zur Belohnung gibt es ursprüngliche Natur und kleine Maori-Siedlungen wie aus einer anderen Welt.

Korinti und Jerusalem, das auch unter dem Namen Hiruharama bekannt ist, sind Ortsnamen aus der Bibel und ein Erbe eifriger Missionare. In ganz Neuseeland bekannt wurde die französische Ordensschwester Mary Joseph Aubert, die 1883 mit anderen Nonnen eine katholische Missionsstation in Jerusalem einrichtete. Aufgrund ihrer medizinischen Ausbildung und eingehender Studien der Maori-Kultur fand sie schnell Kontakt zu den polynesischen Dorfbewohnern, mit denen sie 16 Jahre zusammenlebte. Viel später gründete dort im Jahr 1969 der populäre, inzwischen verstorbene neuseeländische Dichter James K. Baxter eine Gemeinschaft, die drogen- und alkoholabhängige Jugendliche aufnahm.

Hauspflege am Wochenende

Fast alle kleinen Orte am Ufer des Wanganui überraschen mit einem eigenen Kleinod: Athene mit einem aufwendig restaurierten Marae aus dem Jahr 1886, Korinti mit seinem Hikurangi-Museum, Ranana mit der restaurierten, 1854 erbauten Kawana-Mühle und Pipiriki mit der Möglichkeit, eine der atemberaubenden Jet-Boat-Fahrten zu erleben.

Erdbebensicher gebaut: modernes Wohnviertel in Wellington

»Do it yourself« ist das Motto der Eigenheimbesitzer. Die meisten Neuseeländer leben in einem eigenen Haus, und entsprechend weit erstrecken sich die Vororte. Meist handelt es sich um einfache Gebäude – im Gegensatz zu den schönen Häusern, die sich nahe der Innenstadt von Wellington die Hänge hochziehen.
In einem aufwendigen Haus an der Tinakori Road wurde Katherine Mansfield geboren, Neuseelands bekannteste Schriftstellerin. Dicht gedrängt stehen in der Nachbarschaft im Stadtteil Thorndon die Reihenhäuser. Sie vermitteln einen guten Eindruck von den beengten Lebensverhältnissen der Siedler zur Jahrhundertwende. In kleinen Hotels lassen sie sich gut nachvollziehen.

Im Southward Car Museum steht Marlene Dietrichs Cadillac

Überspannt eine Schlucht: die Bridge to Nowhere bei Wanganui

Die Dawson Falls bei Taranaki

Der kegelförmige Mount Egmont alias Mount Taranaki bestimmt die Provinz Taranaki im Westen der Nordinsel. Vor Ankunft der weißen Siedler in der ersten Hälfte des 19. Jahrhunderts war die Halbinsel dicht von Maori besiedelt.
In dem fruchtbaren Landstrich betreiben Farmer intensive Landwirtschaft. Seit Techniker vor der Küste auf reiche Öl- und Gasvorkommen stießen, befindet sich die Region auch industriell im Aufschwung. Die Ausbeutung dieser Quellen hat Neuseelands Abhängigkeit von teuren Ölimporten drastisch reduziert. Aus dem Gas wird unter anderem der Autotreibstoff CNG hergestellt, der bereits viele tausend Fahrzeuge antreibt.

Jet-Boote machen den Wanganui River unsicher

Aufenthaltsraum der Dawson Falls Tourist Lodge in Stratford

Die rasante Tour führt in wilden Schlenkern über Stromschnellen tief in das Innere des Whanganui National Parks hinein, haarscharf vorbei an Geröllbänken und der Uferböschung.
Schon vor der Besiedlung durch die Weißen war der Wanganui für die Kanus der Maori ein bequemer Weg, um in das Landesinnere zu gelangen. Immerhin sind 234 Kilometer des insgesamt 315 Kilometer langen Flusses, der am Mount Tongariro entspringt und in die Tasman Sea mündet, problemlos mit dem Kanu zu befahren – von Taumarunui bis zum Ort Wanganui.
Wie eine Beule ragt die Westküste aus der Nordinsel heraus. Diese Region wird von einem Berg mit zwei verschiedenen Namen dominiert: Mount Taranaki alias Mount Egmont ist ein 2518 Meter hoher Kegel von fast ebenmäßiger Symmetrie, dessen Gipfel auch im Sommer eine weithin sichtbare Haube aus Schnee bedeckt. Oft wird der Mount Taranaki als Zwillingsbruder des Fudschijama in Japan bezeichnet.
In der Maori-Mythologie hat sich der Berg schmollend in diese Ecke verzogen und hinterließ einen tiefen Graben, den Wanganui River. Der Grund für diese heftige Reaktion soll der Legende zufolge ein Streit zwischen ihm und dem Mount Tongariro im Zentrum der Nordinsel gewesen sein, in dem es um eine Frau ging: Pihanga, den einzigen weiblichen Vulkan.

Frühes Siedlerhaus in Stratfords Pioneer Village

Quellgebiet und beliebte Skiregion: der Egmont Park

Rund 70 000 Jahre ist der Mount Taranaki erst alt, der letzte Ausbruch des schlafenden Vulkans liegt etwas über 200 Jahre zurück. Mehr als 30 Wasserläufe entspringen an den bis zu 1800 Meter hohen, bewaldeten Hängen, doch die meiste Zeit des Jahres ist der Gipfel von einer dichten Wolkendecke eingehüllt. Fast 34 000 Hektar stehen im Egmont National Park unter Schutz, seit die Regierung 1881 anordnete, daß im Radius von neuneinhalb Kilometern um den Gipfel keine Axt und kein Pflug zum Einsatz kommen dürfen. Im Winter ist der Berg ein beliebtes Skigebiet.
Die Provinz Taranaki war in den sechziger und siebziger Jahren des 19. Jahrhunderts Schauplatz blutiger Kriege zwischen den Maori und weißen Siedlern. Nach Auseinandersetzungen mit den benachbarten und schon mit Gewehren ausgerüsteten Waikato-Stämmen zogen sich die dort lebenden Maori zunächst zurück und fanden bei ihrer Rückkehr 1848 viele Einwanderer vor. Die Weigerung, den Weißen immer mehr Land zu geben, führte zu über 20 Jahre andauernden Kriegen auf der gesamten Nordinsel, an deren Ende die Maori sich geschlagen geben mußten.
Ein Zentrum der Konflikte war New Plymouth, heute die größte Stadt der Region und lange Zeit wirtschaftliches Zentrum des umliegenden Farmlandes. Die Öl- und Gasfunde in der Umgebung verwandelten ihr Gesicht: Jetzt lebt die Küstenstadt vor allem von den großen Gas- und Ölfeldern, die bis zu 30 Kilometer weit draußen in der Tasman Sea angebohrt werden, sowie von der Herstellung synthetischen Benzins.

Auf Missionare geht der Name dieser Siedlung zurück: Jerusalem

Palmerston North

Karte: Planquadrat C 6.
Zentrum der Region Manawatu mit 68 000 Einwohnern.
Sehenswürdigkeit: Das Rugby Museum ist einmalig in seiner Art im Rugby-besessenen Neuseeland (87 Cuba Street, täglich 13.30 bis 16.30, Sa außerdem 10 bis 12 Uhr, Tel. 06/3 58 69 47).
Information: Visitor Information, The Square, Tel. 06/3 58 50 03.

Wellington

Karte: Planquadrat C 7.
Neuseelands Hauptstadt mit 320 000 Einwohnern.
Anreise: Die Züge Overlander (tagsüber) und Northerner (nachts) verbinden Wellington mit Auckland (Fahrtzeit zwischen zehn und elf Stunden). Bus und Flugzeug.
Die Fährüberfahrt von Wellington nach Picton (Südinsel) sollte vor allem zwischen Dezember und Ende Januar rechtzeitig gebucht werden (The Interisland Line, Telefon 04/4 98 39 99, gebührenfrei nur in Neuseeland: Telefon 08 00/6 58 99).
Öffentliche Verkehrsmittel: Dichtes Busnetz, teilweise Trolleybusse (Busse mit Oberleitungen) im Innenstadtbereich. Die Cable Car startet vom Lambton Quay (innerhalb einer Einkaufspassage) zur Fahrt hinauf nach Kelburn (Mo bis Fr 7 bis 22 Uhr, sonnabends 9.20 Uhr und sonntags 10.30 Uhr bis 18 Uhr, jeweils alle zehn Minuten.
Unterkunft: Die Preise für Übernachtungen in Wellington sind teilweise sehr hoch. Viktorianischen Charme bietet die Tinakori Lodge, 182 Tinakori Road, Tel. 04/73 34 78 (Bed and Breakfast). Der einzige Campingplatz der Stadt liegt 14 Kilometer außerhalb hinter Petone in Lower Hutt (Hutt Park Motor Village, 95 Hutt Park Road). Jugendherberge und mehrere günstige private Herbergen.
Ausgehen: Wellingtons Gastronomie hat viel zu bieten, wie das Brooklyn Restaurant and Grill (1 Todman Street) beweist. Stets voll und qualitativ gut sind das Mount Cook Café (75 Wallace Street) und Tug of the Bay Restaurant (Oriental Bay). Politiker trifft man im Backbencher (Ecke Molesworth, Sydney Street), und abends kommt man in den Pubs The Victorian (134 Lambton Quay) und Flanagan's (8 Kent Terrace) zusammen.

REISE-INFO
WELLINGTON, NEW PLYMOUTH

Sehenswürdigkeiten: Der Botanische Garten, die Lady Norwood Rose Gardens (zwischen November und April blühen dort fast 2000 Rosenarten) und der Bolton Street Memorial Park (Friedhof mit der Prominenz aus den Pioniertagen).
Das Beehive an der Bowen Street ist Sitz der Ministerien. In den benachbarten Parliament Buildings debattieren die 95 Abgeordneten: Man kann ohne Anmeldung zuschauen und zuhören. Der Eingang zum Saal in Westminster-Kopie befindet sich gleich neben dem Beehive (telefonische Auskunft über Führungen: 04/4 71 94 57). Schräg gegenüber steht an der Whitmore Street das hölzerne Government Building. Katherine Mansfields Geburtshaus befindet sich an der 25 Tinakori Road (täglich außer Mo 10 bis 16 Uhr). Die Straße spiegelt die beengten Wohnverhältnisse des viktorianischen Zeitalters wider.
Den schönsten Blick auf die Hügel von Wellington hat man vom 196 Meter hohen Mount Victoria.
Museen, Galerien: Im National Museum lernt man in der Pacific Gallery das geographische und ethnologische Umfeld Neuseelands kennen (Buckle Street, täglich 9 bis 17 Uhr). Die National Art Gallery (Buckle Street, täglich 10 bis 16.45 Uhr) zeigt alte und junge neuseeländische Kunst. Shed II (Customhouse Quay, Di bis So 11 bis 18 Uhr) präsentiert nur moderne Kunst. In der Alexander Turnbull Library (70 Molesworth Street) kann das Original des Vertrags von Waitangi besichtigt werden.
Information: Visitor Information, Ecke Wakefield/Victoria Street, Telefon 04/8 01 40 00.

Der Early Settlers' Memorial Park

Wanganui

Karte: Planquadrat C 6.
Verschlafenes Städtchen mit knapp 50 000 Einwohnern, dessen Attraktion der Wanganui River ist.
Sehenswürdigkeiten: Eine schöne Jadesammlung besitzt das Regional Museum (Watt Street/Civic Centre).
Ausflüge: Fahrt entlang dem Fluß von Wanganui bis Pipiriki oder mit dem Kanu durch den Whanganui National Park. Auskünfte: Visitor Information oder Department of Conservation (»Guide to the Wanganui River«).
Information: Visitor Information, 101 Guyton Street, Mo bis Fr 8.30 bis 17 Uhr, an Wochenenden 9 bis 14 Uhr, Tel. 06/3 45 32 68.

New Plymouth, Mount Egmont

Karte: Planquadrat B 5.
New Plymouth (70 000 Einwohner) ist Hauptstadt des Distrikts Taranaki, dessen touristische Attraktion der Mount Egmont (Mount Taranaki) ist.
Anreise: Mit dem Bus.
Sehenswürdigkeiten: Den besten Blick auf den Berg (und Ebene) hat man von der Aussichtsplattform am Maunganui Skigebiet, drei Kilometer vom Mountain House Restaurant (Pembroke Road, Stratford) entfernt.
Das private Tawhiti Museum (Ohangi Road, Tawhiti, Fr bis Mo 10 bis 16 Uhr, Tel. 06/2 78 68 37) zeigt vom Töpfer Nigel Ogl gesammelte Kuriositäten.
Unterkunft: In New Plymouth ist das Angebot begrenzt. Am Mount Taranaki sind die Mountain House Motor Lodge (mit sehr gutem Restaurant) bei Stratford (Tel. 06/7 65 61 00) und die Dawson Falls Tourist Lodge in Kaponga, Manaia Road (Tel. 06/7 65 54 57), empfehlenswert.
Information: Visitor Information, Liardet Street, New Plymouth, Mo bis Fr 8.30 bis 17 Uhr, an Wochenenden 10 bis 14 Uhr, Tel. 06/7 58 60 86. Touristenbüros gibt es außerdem in Hawera und Stratford.

MARLBOROUGH SOUNDS, WESTKÜSTE

Besuch bei kauzigen »Coasters«

Wer im Abel Tasman National Park unterwegs ist, darf nasse Füsse nicht scheuen. Das kleine Reservat ist am besten zu Fuß oder mit dem Kajak zu erkunden. Der holländische Seefahrer Abel Tasman setzte indes kein Bein an Land – zu unwirtlich erschien ihm wohl die Westküste mit ihren Felsenklippen und dem rauhen Wetter.

Glaubt man einer Maori-Sage, verbindet eine Angelschnur Neuseelands Nord- und Südinsel. Die Geschichte geht so: Eines Tages saß der Halbgott Maui fischend in seinem Kanu – der Südinsel –, als er plötzlich einen besonders dicken Fang am Haken hatte: die Nordinsel. Das weit geöffnete Maul dieses Riesenfisches ist Port Nicholson, die Hafenbucht von Wellington.

Eine Autofähre verbindet die Hauptstadt regelmäßig mit der Kleinstadt Picton. Eine unruhige Überfahrt, wenn der Wind bläst: Die schmale Cook Strait, die den Pazifik mit der Tasman Sea verbindet, gilt als eines der unruhigsten Gewässer überhaupt. Doch bei schönem Wetter ist die Reise durch die schmalen Fjorde der Marlborough Sounds ein Erlebnis, vorbei an dichtbewachsenen, steilen Küsten.

Wer die zerklüftete Landschaft mit über 900 Kilometern Küstenlinie näher erleben will, besteigt in Picton ein Postschiff, das tief in die auf dem Landweg nur schwer zugängliche Region eindringt.

Wenn ein Fährschiff ankommt, herrscht in Picton für kurze Zeit rush-hour. Doch nur wenige Touristen halten sich in dem langweiligen Ort lange auf – allenfalls, um die teilweise restaurierte »Edwin Fox« zu besichtigen. Der 1853 in Indien gebaute Dreimaster, der einst Einwanderer nach Neuseeland brachte, drohte auf dem Grund der nahegelegenen Shakespeare Bay zu verrotten und wurde deshalb vorsichtig in den Hafen von Picton geschleppt, wo das Holzwrack in aufwendiger Kleinarbeit restauriert wird.

Nach Westen führt der Queen Charlotte Drive in Richtung Nelson. Immer wieder erhascht man von der kurvenreichen Panoramastraße einen Blick auf die verträumten Buchten der Marlborough Sounds.

Nelson wirbt mit Recht damit, die sonnenscheinreichste Stadt Neuseelands zu sein, und bezeichnet sich kühn als Sunshine State. Wen wundert's, daß die Stadt das erste Straßencafé des Landes beherbergte: Chez Eelco. Irgendwann im Sommer 1961 nahm der gebürtige Holländer Eelco Boswijk den blauen Himmel zum Anlaß, seine Gäste auch draußen auf dem Bürgersteig zu bewirten. Die Stadt bat ihn zunächst zur Kasse für entgangene Parkgebühren, doch »Eelco« entwickelte sich rasch zur Institution. Mund-zu-Mund-Propaganda führte dazu, daß das Café ein Treffpunkt für junge Rucksacktouristen wurde. Und manch einer der zahlreichen Kunsthandwerker aus der Umgebung trinkt dort seinen Tee.

Den ersten Siedlern, die in diese Gegend kamen, waren gute Böden und mildes Klima versprochen worden. Ab 1842 erreichten die Immigranten Nelson in so großer Zahl, daß sie zunächst in provisorischen Baracken leben mußten.

Noch heute ist den Stadtvätern peinlich, was es mit dem zweiten Einwandererschiff, der »Lloyds«, auf sich hatte. »Ein Freudenhaus ohne Ehre und Anstand«, so wurde es hinter vorgehaltener Hand gescholten, denn während die Männer auf einem anderen Schiff vorausgefahren waren, soll sich die Mannschaft mit deren Frauen auf der nachfolgenden »Lloyds« vergnügt haben. Ob die Erzählungen wahr sind, weiß man nicht. Doch fest steht, daß nach einer amtlichen Statistik während der Reise von England 65 Kinder den Tod fanden und eine Schiffspassage nur mit Frauen und Kindern nicht wiederholt wurde. Kapitän und Schiffsarzt sollen zudem für diese Reise von der New Zealand Company nicht entlohnt worden sein.

Die Geschichte und Geschicke Nelsons prägten auch deutsche Auswanderer, die 1843 in die Stadt kamen und sich in der Siedlung St. Paulidorf niederließen, bis Überschwemmungen sie

Einsam gelegene Farmen sprenkeln die Region der Marlborough Sounds

Trotz moderner Leuchtreklame: Nelson besitzt noch ein wenig den Charme einer Stadt aus der Jahrhundertwende

Das Hotel Oxley's Rock in Picton

Fähre bei Picton

Erstes Straßencafé des Landes: Chez Eelco

Picton: Palmen säumen die Promenade

Bei unruhiger See ist die Fährfahrt von Wellington nach Picton eine Tortur, doch bei schönem Wetter eröffnet sich den Reisenden in der Fjordlandschaft der Marlborough Sounds ein herrliches Landschaftspanorama. Eine hübsche Stadt ist Nelson, Zentrum der sonnenreichsten Region des Landes. In ihrer Umgebung werden Wein und Tabak angebaut.

einige Zeit später zum Umzug in die Waimea-Ebene zwangen.
Nelson besitzt mit den niedrigen, gepflegten Häuserfassaden noch die Anmut eines kolonialen Städtchens. Sein Umland lebt vor allem von der Landwirtschaft und dem Obstanbau, und auf einigen Feldern gedeiht auch hervorragender Wein. Das gilt noch mehr für die östlich angrenzende Region Marlborough, deren bedeutendste Stadt Blenheim Mittelpunkt des größten Rebengartens Neuseelands ist. Hier keltert der umsatzstärkste Weinproduzent Montana, der regelmäßig im Februar ein großes »Wine and Food Festival« veranstaltet. Andere Winzer laden zum Verkosten ein, einige auch zu Betriebsführungen. Trinkfeste Naturen dürfen sich mit Hilfe einer Broschüre auf den »Marlborough Wine Trail« wagen, der auch zu der jungen, deutschstämmigen Winzerin Almuth Lorenz führt. In ihrem gemütlichen Ausschank werden hochwertige Weine und Snacks serviert.

Achtungserfolge für den Wein, doch die »Kiwis« bevorzugen Sekt

Lange Zeit dachte in Neuseeland niemand an Weinanbau, bis Österreicher, Franzosen und Deutsche die idealen Boden- und Klimagegebenheiten, insbesondere im Norden der Südinsel, erkannten. Seitdem erzielen neuseeländische Weine, ob Chardonnay, Rhine Riesling oder Sauvignon Blanc, auch in Europa Achtungserfolge und werden international prämiert. Vielen Neuseeländern erscheint der eigene Wein jedoch nicht fein genug. Zu einem guten Essen wird oft Sekt oder Champagner getrunken.
Wanderer kommen am kleinsten und charmantesten Nationalpark des Landes, dem Abel Tasman National Park im Nordwesten der Südinsel, nicht vorbei. Einige hundert Naturfreunde sind dort täglich im Sommer unterwegs, lassen sich von einem Motorboot in einer der Buchten aussetzen, erkunden die Küste vom Kajak aus oder wandern fünf Tage auf dem Marahau-Totaranui-Wainui Inlet Track. Immer wieder bietet sich unterwegs die Gelegenheit für ein Sonnenbad an einem der feinsandigen Strände oder ein Bad in der klaren Tasman Sea.
Über Takaka, in dessen Nähe die Pupu Springs die größte Süßwasserquelle der

Mit seinen 22 000 Hektar ist der Abel Tasman National Park das kleinste Naturreservat des Landes. Lange Zeit prägten Rodungen, Landwirtschaft und Bergbau diese Region, doch langsam erholt sich die Landschaft von diesen Schäden. Zur Weihnachtszeit ist der Park überlaufen, aber während der restlichen Monate finden Wanderer und Kajakfahrer dort Ruhe. Zwei schöne Wanderwege in dieser Region sind der fünf Tage dauernde Marahau-Totaranui Inlet Track sowie der anstrengendere Heaphy Track, der nahe dem Dorf Collingwood beginnt und zur Westküste führt. An beiden Wegen bieten Schutzhütten Übernachtungsmöglichkeiten.

Alternatives Leben in Marahau

Viele Küstenstreifen erschließen sich gut vom Kajak aus

Welt sind, gelangt man nach Totaranui in den nordwestlichen Zipfel des Parks, wo ein großer Campingplatz in der sommerlichen Hochsaison nicht ausreicht, alle Besucher aufzunehmen. Und am anderen Ende des Parks hat Jirca Ritschny bei Marahau im Laufe der Jahre sein Park Café dem zunehmenden

Unverfälschte Landschaft bestimmt die Region um Marahau im Norden der Südinsel

Für flache Gewässer: der »Abel Tasman Explorer«

Zelten läßt sich überall im Nationalpark

Wandern ist in Neuseeland ein Volks- und Familiensport

Ansturm von Wanderern angepaßt. Aus dem Holzverschlag wurde ein ansehnlicher Kiosk, vor dem immer jemand zu einem Schwätzchen bereit ist. Auch Jirca weiß allerhand zu erzählen, beispielsweise die Geschichte der Murderers' Bay etwas nordwestlich. Dort wurden im Jahr 1642 Seeleute des holländischen Neuseeland-Entdeckers Abel Tasman bei dem Versuch, an Land zu rudern, von Maori getötet. Vielleicht ist das eine Erklärung, warum Abel Tasman nie neuseeländischen Boden betrat.

Vielleicht war ihm die rund 500 Kilometer lange West Coast auch allzu unwirtlich begegnet. Denkbar ist es, denn zwischen Karamea und Jackson Bay im Süden können den Seeleuten das Wetter und die Meeresbrandung übel mitspielen. Die Menschen hier sind ein Schlag für sich: eigensinnig, wortkarg und verschroben – eben Coasters, wie sie von den anderen Neuseeländern genannt werden.

Leicht gestaltet sich das Leben für die Leute dieser Region nicht. Hinter der

höchstens 50 Kilometer breiten Küstenebene mit Wildnis und Felsen steigt die Hochgebirgskette der Southern Alps steil an. Das Klima ist rauh und feucht, und im Sommer geißeln Schwärme blutgieriger, kleiner Sandflies den Landstrich.
Schon Thomas Brunner, der als erster Europäer 1842 die West Coast erkundete, zeigte sich enttäuscht. »Ich kann mir nicht vorstellen, aus welchem Grund die Maori hier freiwillig leben«, schrieb der Forscher später nieder.

Kostbarkeiten aus Greenstone und immer wieder Gold ...

Dabei war die West Coast gerade für die ersten Bewohner des Landes ein Eldorado, wo Greenstone, der jadeähnliche Halbedelstein, in großen Mengen vorkam. Besonders die beiden Flüsse Arahura und Taramakau nördlich von Hokitika transportierten große Greenstone-Brocken von den Southern Alps in die Küstenebene.
Noch heute kann man fündig werden, und einige Künstler, die den harten Stein zu kleinen Kostbarkeiten schleifen, haben sich in der Nähe ihres Rohmaterials niedergelassen, das sie teilweise auch in eigenen Claims abbauen. Geschliffener Greenstone ist aber auch zur Massenware verkommen, die in Kaufhäusern und Souvenirläden verkauft wird. Wenig faszinierende, aber recht preisgünstige Stücke handelt die Greenstone Factory in Hokitika, deren Werkstatt man besichtigen kann.
Auf der Suche nach Greenstone entdeckten zwei Maori im Jahr 1864 an der Westküste zufällig Gold. Innerhalb eines Jahres lockten die vielversprechenden Vorkommen 15 000 Goldsucher in die entlegene Region um Hokitika. Nichts konnte sie abhalten, weder zugeschneite Pässe der Südalpen noch die stürmische Tasman Sea, denn eine Straßenanbindung existierte noch nicht. Fast die Hälfte der Einwanderer nach Neuseeland ging hier im Jahr 1866 an Land. Selbst San Francisco soll während des kalifornischen Goldrausches nicht so schnell gewachsen sein wie das heute dahindämmernde Städtchen Hokitika, das damals über ein Opernhaus und 102 Hotels verfügte.
Einer der vielen erfolglosen Digger war Richard John Seddon, der später, von 1893 bis 1906, als der bis jetzt am längsten amtierende neuseeländische Premierminister in die Geschichte eingehen sollte. Ein Denkmal in Hokitika erinnert an ihn.
1880 war der Goldboom ebenso schnell vorbei, wie er begonnen hatte. Doch einige Hartnäckige suchen noch immer nach dem Edelmetall, darunter internationale Konzerne mit großem Abräumgerät.
Eher romantisch verklärt ist die Goldsuche in dem hübschen Freilichtmuseum Shantytown mit restaurierten Gebäuden aus der Zeit des Goldrausches. Hier darf jeder Goldwäscher spielen – garantierter Fund im Preis inbegriffen. Und wer auf den Geschmack kommt, kann sich die »Gold Panning«-Broschüre besorgen, in der alle öffentlich zugänglichen Schürfgebiete aufgeführt sind. Oder sein Glück in dem kleinen Dorf Ross versuchen, wo im Jahr 1909 der mit 13 Kilogramm schwerste Goldklumpen des Landes gefunden wurde: Honourable Roddy.
Nach dem Gold bestimmte die Kohle jahrzehntelang die Wirtschaft der Westküste. In dem Bergwerk bei Denniston förderten über 250 Arbeiter pro Schicht ab Ende des letzten Jahrhundert Hunderttausende Tonnen Kohle, bis die Grube im August 1967 geschlossen wurde. Zwar wird an anderen Orten noch Kohle abgebaut, doch wirtschaftlich ging es mit der Region bergab.
Geblieben sind der West Coast einzigartige Naturmonumente, für die es sich lohnt, die lange und beschwerliche An-

Wenn das Rindvieh unterwegs ist, ruht der Verkehr

Wie aufgeschichtete Pfannkuchen: die Pancake Rocks bei Punakaiki

Dichte Vegetation bedeckt die regenreiche Westküste

Shantytown, eine restaurierte Goldgräberstadt

Kneipenleben in Ross

Coasters werden die etwas kauzigen Bewohner der Westküste von den anderen Neuseeländern genannt. Rauhes und feuchtes Wetter sowie die Abgeschiedenheit dieser Region prägen ihr Leben. Kunsthandwerker fertigen an der West Coast aus Jade kleine Kunstwerke, und zeitweise wurden dort Gold und Kohle abgebaut. Doch wirtschaftlich hinkt die Gegend zwischen Westport und Haast den anderen Landesteilen hinterher. Ihr Pluspunkt ist die herbe, vielfach unverfälschte Landschaft.

West Coasters – rauh, aber herzlich

reise in Kauf zu nehmen. Berühmt sind die Pancake Rocks bei Punakaiki, wie gestapelte Pfannkuchen anmutende Kalkstein-Säulen, die von der schäumenden Meeresbrandung der Tasman Sea geformt wurden. Immer wieder schießen Wasserfontänen fauchend aus sogenannten Blowholes, den tunnelähnlichen Hohlräumen im Kalkgestein. Die Entstehung dieses kleinen Weltwunders wird im gegenüberliegenden Informationszentrum erläutert.

Verfahren kann man sich nicht: Es gibt nur eine Straße

Verfahren kann man sich an der West Coast kaum. Die einzige bedeutende Straße, der Highway 6, verläuft von Westport bis Haast fast parallel zur Küstenlinie. Nur in Kumara Junction zweigt eine Straße zur Ostküste ab, der Highway 73 in Richtung Christchurch. Die serpentinenreiche Straße führt über den 920 Meter hohen Arthur's Pass durch die Südalpen und gehört zu den schönsten Strecken dieser zerklüfteten Bergwelt. Weitaus mehr Muße, die Landschaft zu betrachten, hat man während der fünfstündigen Zugfahrt im TranzAlpine Express, der regelmäßig zwischen Christchurch an der Ostküste und Greymouth an der Tasman Sea über den Paß klettert.
Kaum ein Besucher verläßt die Westküste, ohne sich im Westland National Park kalte Füße geholt zu haben: Die Eismassen von Fox-Gletscher und Franz Josef-Gletscher reichen dort weit hinunter in das Tal und in die Nähe der Küste. Ihre Zungen berühren fast die urwaldähnliche Vegetation, und milchiges Schmelzwasser bahnt sich den Weg durch weite Geröllflächen.
Der längere der beiden Gletscher ist mit 13 Kilometern der Fox Glacier, beeindruckender und auch bekannter ist aber der Franz Josef Glacier, dem der Geologe Julius von Haast 1863 den Namen des österreichischen Kaisers gab. In den beiden kleinen Touristenorten am Fuß der Gletscher starten Flugzeuge und Helikopter zu Rundflügen über die grandiose Hochgebirgswelt, auf Wunsch – und gegen Aufpreis – mit einer Zwischenlandung auf einem der Eisfelder.
Ein Flugzeug lieferte auch ein Indiz dafür, wie schnell der Franz Josef-Gletscher wandert. Im Jahr 1943 auf dem

Der Arthur's Pass verbindet die Westküste mit Christchurch

Oben Schnee, unten grüne Landschaft: Winterstimmung auf dem Fox Glacier

Angler erwarten am Bergsee auf dem Arthur's Pass beste Fänge

Eisfeld abgestürzt, kam die Maschine sechs Jahre und vier Monate nach dem Unglück am Gletscherbruch wieder zum Vorschein; sie hatte rund 1,50 Meter pro Tag zurückgelegt.
Wenn das Wetter mitspielt, und das ist an sieben von zehn Tagen nicht der Fall, rückt bei den Rundflügen auch der Mount Cook, mit 3754 Metern der

Der Fox Glacier in den Southern Alps

höchste Berg Neuseelands, ins Blickfeld. Der Tasman Glacier, mit 29 Kilometern der längste Gletscher Neuseelands, durchzieht den ihn umgebenden Nationalpark. Ein atemberaubendes Erlebnis ist auch das Panorama am frühen Morgen, wenn sich die weißen Berggipfel im stillen Wasser des Lake Matheson spiegeln – schließlich umgeben 14 Dreitausender den See.
Als niedrigster Paß Neuseelands schneit der nur 563 Meter hohe Haast Pass so gut wie nie ein. Ein Glück für die West Coast, die im Süden nur über diese Paßstraße mit der Provinz Otago verbunden ist. Im Jahr 1921 wurde mit den Straßenbauarbeiten begonnen, die erst 39 Jahre später beendet waren.
Der Haast Pass bildet nicht nur die südlichste Straßenverbindung zwischen den Orten an der Westküste und dem Osten, sondern ist auch eine Wetterscheide. An der Küste fällt die doppelte Niederschlagsmenge wie am Lake Wanaka, und während Haast, Okarito und Punakaiki häufig unter einer dichten Wolkendecke liegen, strahlt wenige Kilometer östlich auf dem Weg nach Queenstown die Sonne.

Baumfarne bedecken die Hänge westlich des Passes

Im Frühjahr herrscht bei den Schafscherern Hochsaison

Nur wenige Straßen verbinden die Westküste mit dem Osten der Südinsel. Eine der meistbefahrenen Routen führt über den Arthur's Pass, den die Brüder Arthur und Edward Dobson Mitte des letzten Jahrhunderts entdeckten. Den Namen des früheren österreichischen Kaisers trägt der Franz Josef-Gletscher im Westland National Park, in dessen Süden der Mount Aspiring National Park liegt. Durch ihn führt der bekannte Routeburn Track in vier Tagen zum Milford Highway, 80 Kilometer nördlich von Te Anau. Gut markiert ist auch der alpine Rees-Dart Track, für den man bis zu fünf Tagen ansetzen sollte.

REISE-INFO
MARLBOROUGH SOUNDS, WESTKÜSTE

Marlborough Sounds

Karte: Planquadrat K 2.
Anreise: Mit der Fähre von Wellington, Fahrtzeit etwa dreieinhalb Stunden. Es gibt zudem einen Pendelverkehr mit kleinen Flugzeugen und mit Hubschraubern zwischen Wellington und Picton, Flugzeit etwa 20 Minuten. In Picton endet die Bahnlinie des Zuges Coastal Pacific, der in etwa fünf Stunden nach Christchurch fährt.
Sehenswürdigkeiten: Die »Edwin Fox«, ein alter Dreimaster, liegt unweit des Fähranlegers und kann täglich zwischen 8.30 und 18 Uhr besichtigt werden.
Unterkunft: Einige Hotels, größere Auswahl für Backpacker und Camper. Wer abends mit der Fähre ankommt, sollte in der Saison im voraus buchen (siehe Visitor Information).
Ausflüge: Für eine etwa fünfstündige Tour durch das Gewirr der Marlborough Sounds empfiehlt sich das Postboot, das Mo bis Fr um 11.15 Uhr von der Picton Wharf ablegt (Beachcomber Fun Cruise).
Information: Visitor Information, Picton Foreshore (neben dem Fähranleger), Mo bis Fr 9 bis 17 Uhr (von Dezember bis Februar auch 19 bis 20 Uhr), an Wochenenden 10 bis 15 Uhr, Telefon 03/5 73 75 13.

Nelson

Karte: Planquadrat K 2.
Zentrum des nördlichen Teils der Südinsel mit 36 000 Einwohnern.
Anreise: Mit dem Flugzeug (Air Nelson) oder dem Bus.
Sehenswürdigkeiten: Nelson ist bekannt für seine hervorragenden Töpfer, Galerien zeigen eine Auswahl ihrer Arbeiten (South Street Galery, 10 Nile Street). In der Craft Habitat (Umgehungsstraße am Highway 6 bei Richmond, täglich geöffnet außer Sonntag) präsentieren mehrere Kunsthandwerker ihre Arbeiten. Die Visitor Information hat ein Verzeichnis aller Künstler.
Ausgehen: Chez Eelco's Coffeehouse liegt nahe der Christ Church an der Trafalgar Road (geöffnet täglich 7.30 Uhr bis kurz vor Mitternacht).
Zwei Tips für Weingüter: Merlen Wines (Almuth Lorenz, Rapaura Road, Renwick, täglich 11 bis 18 Uhr, Tel. 03/5 72 91 51) und die umsatzstarken Montana Wines (südlich von Blenheim am Highway 1, Mo bis Sa regelmäßig zwischen 10 und 15 Uhr kostenlose, zwanzigminütige Führungen).
Unterkunft: Gutes Hotelangebot in Nelson, Motueka und Kaiteriteri. Die schönste Anlage ist das Kimi Ora Holiday and Health Resort in Kaiteriteri (Tel. 03/5 27 80 27). In diesem Ort gibt es auch einen guten Platz für Camper.
Ausflüge: Jeden Tag schippert die Familie Wilson mit ihren Booten die Küste des Abel Tasman National Parks entlang und setzt an verschiedenen Haltepunkten Wanderer ab. So kann man den Park in drei Tagesetappen durchwandern (bei der Übernachtung in Hütten benötigt man einen Facility Pass) oder auch nur einen Tag »hineinschnuppern«. Ein guter Ausgangspunkt für diese Wanderungen ist Kaiteriteri. Das Boot startet vor dem Strand am Campingplatz, Reservierungen sind notwendig (Tel. 03/5 28 78 01).
Mit Auto oder Fahrrad erreicht man nur den Strand bei Totaranui. Der Weg führt an dem Abel Tasman Memorial bei Takaka/Golden Bay vorbei.
Eine gute Informationsbörse ist das Park Café in Marahau am nördlichen Eingang des Parks, rund fünf Kilometer von Kaiteriteri entfernt. Im Januar sind Park und Wanderwege ziemlich überfüllt.
In Upper Moutere (am Highway 60) kann man sich auf die Spuren deutscher Einwanderer machen.
Information: Visitor Information, Trafalgar Road/Ecke Halifax Street, Mo bis Fr 9 bis 17 Uhr, Sa 9 bis 11 Uhr, im Januar jeden Tag.

Almuth Lorenz keltert bei Renwick Weine

West Coast, Haast Pass

Karte: Planquadrat I 3–G 5.
Küstenstreifen zwischen Westport und Haast Pass, rund 35 000 Bewohner.
Anreise: Der Zug TranzAlpine verkehrt täglich zwischen Christchurch und Greymouth (Fahrtzeit pro Strecke für 160 Kilometer rund fünf Stunden). Eine Hin- und Rückfahrt am selben Tag ist nur ab Christchurch möglich. Öffentlicher Busverkehr entlang der Küste, teilweise mit speziellen Angeboten für Rucksackreisende (Informationen in den Backpacker-Unterkünften). Greymouth hat einen Flughafen.
Sehenswürdigkeiten: Auf die Spuren der Goldsucher begibt man sich in Shantytown (Greymouth, täglich 8.30 bis 17 Uhr) oder mit Hilfe der Broschüre »Gold Panning on the West Coast«, erhältlich beim Department of Conservation in Ross, wo das Empire Hotel Goldgräber-Atmosphäre vermittelt.
Sehenswert ist der Punakaiki National Park mit den »Pancake«-Felsen. In Franz Josef und Fox starten Rundflüge über die Gletscher und Alpen, auch zum Mount Cook. Gletschertouren beginnen am Franz Josef-Hotel und von Fox aus (Alpine Guides Ltd.).
Einkäufe: Hokitika bietet auf der Tancred und Weld Street eine große Auswahl von Glas-, Gold-, Holzprodukten an. Jade (Greenstone) verarbeitet besonders kunstvoll Ian Boustridge, der u.a. in den Punakaiki Crafts ausstellt.
Unterkünfte: In Greymouth, Franz Josef und Fox befinden sich mehrere Hotels. Trotz der geringen Bettenzahl sind Reservierungen selten nötig. Der Besitzer der Lake Moeraki Wilderness Lodge am Highway 6 (Tel. 03/7 50 08 81), ein Biologe, vermittelt auch interessante Einblicke in die Regenwald-Region.
Information: In Greymouth: Mackay/Ecke Herbert Street, Tel. 03/7 68 11 01, Mo bis Fr 9 bis 17 Uhr. In Franz Josef: Westland National Park Visitor Centre, Tel. 03/7 52 07 27, täglich 8 bis 17 Uhr. Am Haast Pass: South Westland World Heritage Visitor Centre (am Highway 6 gegenüber dem World Heritage Hotel), Tel. 03/7 50 08 09, täglich 8.30 bis 19 Uhr, im Winter bis 16.30 Uhr.

Willkommen im Paradies!

Mit eest, sind Sie ein besonderer Gast – weltweit!

STILVOLLE DOMIZILE, NEUSEELAND

Lodges umgeben von unberührter Natur – mit der Gastfreundschaft der Kiwis.

Der besondere Urlaub mit Stil

ERLEBNIS RUNDREISEN, NEUSEELAND

Angenehm und sorglos reisen, mit unseren deutschsprachigen Rundfahrten.

Optimal organisierte Reisen in der Gruppe

ABENTEUER, NEUSEELAND

Ein Traum wird wahr, aktiv Land, Leute und Natur erkunden.

Neuseeland aktiv erleben!

AUSGEWÄHLTE HOTELS, NEUSEELAND

Wohnen in den renommierten Hotels, mit bestem Service und Komfort.

Urlaub am schönsten Ende der Erde

AUF DEN WOGEN DES PAZIFIK

Auf den Spuren von Captain Cook an den schönsten Häfen und Buchten Anker werfen, Maori-Land.

Entspannung und Erlebnis pur auf See

WOHNMOBILE, NEUSEELAND

Individuell mit allem Komfort, von Nord nach Süd fahren.

Grenzenlose Freiheit auf Rädern

BITTE SENDEN SIE UNS DEN KATALOG FÜR

- ☐ NEUSEELAND
- ☐ AUSTRALIEN
- ☐ HAWAII SÜDSEE
- ☐ USA, KANADA, MEXIKO

Name ______________________________

Straße ______________________________

PLZ/Land ______________________________

Porto für Versand 5,00 DM

eest REISEN

D-8901 Königsbrunn, Blumenallee 26, Telefon 08231/85063, Fax 32070
Bezug in Deutschland, Schweiz und Austria im *eest*-Lizenz-Reisebüro.

Es ist nicht jedermanns Sache, von der 43 Meter hohen Karawau-Brücke in die Tiefe zu springen, nur gesichert durch ein dünnes Kautschukseil. Bungy Jumping nennt sich der Spaß für Wagemutige und ist nur eines der vielen Angebote der neuseeländischen »Spielwiese« rund um Queenstown. Ruhiger geht es im Fiordland zu, der von Regenwald bedeckten Küste im Südwesten.

QUEENSTOWN, FIORDLAND

Spielwiese für Abenteurer

Otago: Die ungewöhnlichen Lichtverhältnisse überraschen Besucher aus Europa. Keine Staub- und Abgasschicht filtert die Sonnenstrahlen, und auf den Feldern blenden die Strohballen in gleißendem Licht.
Auf dem Weg vom Haast Pass nach Wanaka kann man sich kaum sattsehen an der Landschaft. Zur Rechten tragen die Wellen auf dem mächtigen Lake Wanaka Schaumkronen, und auf der anderen Seite liegt der Lake Hawea, dessen Wasser auch zur Stromerzeugung im entfernten Roxburgh dient. Die Gegend scheint menschenleer – bis in der Einsamkeit Makarora auftaucht, kaum mehr als ein Campingplatz mit Hütten, einem einfachen Restaurant, einem Kramladen und meist jungen Gästen.
Hier startet ein Abenteuer mit dem vielversprechenden Namen Siberia Experience, eine interessante Kombination aus Flug, Fußmarsch und Jet-Boat-Fahrt, die tief in die abgeschiedene Pflanzen- und Tierwelt des Mount Aspiring National Park führt.

Wasserspiegel schwankt im Herzrhythmus eines Riesen

Gletscher formten vor 15 000 Jahren dieses Gebiet, dessen Pflanzenwelt zu 90 Prozent ausschließlich in Neuseeland vorkommt. Im Jahr 1964 wurde sie in dem 290 000 Hektar großen Park unter Schutz gestellt. Vielleicht war es das Heimweh von Schweizern, das irgendwann zu dem schiefen Vergleich führte, der 3027 Meter hohe Mount Aspiring sähe aus wie das Matterhorn.
Genau südlich des Berges unterliegt der Wasserspiegel des Lake Wakatipu, an dem sich die Ferienstadt Queenstown befindet, starken Schwankungen von bis zu 12 Zentimetern. Einer Sage der Maori zufolge schläft in dem See der Riese Tipua, dessen Herzschlag das Wasser steigen und fallen läßt – ein Gezeitenwechsel im Bergsee. Wissenschaftler bieten eine andere Erklärung: Durch unterschiedlich warme Luftmassen über dem fast 300 Quadratkilometer großen See ändert sich jeweilig der atmosphärische Druck und damit der Pegelstand.
Die langgezogenen und sehr tiefen Seen Wanaka, Hawea und Wakatipu wurden in der Eiszeit von Gletschern sowie Felsen- und Geröllmassen prak-

Strohballen werfen am Lake Wanaka scharfe Schatten

Gletscher formten die Umgebung des Lake Wanaka, die von Ebenen und sanften Hügeln geprägt wird. Die meisten Menschen in dieser Region leben von der Landwirtschaft und vom Tourismus.
Zwischen Kingston am Südzipfel des Lake Wakatipu und Flyer verkehrt für Reisegruppen der »Kingston Flyer«. Gezogen werden die alten Waggons von einer kohlebetriebenen Dampflok eines Typs, der ab 1915 auf allen Strecken des Landes unterwegs war. Von Kingston fährt der Dampfer »Earnslaw« mehrmals täglich nach Queenstown. Schon von weitem ist das Schiff auszumachen, dessen Rauchwolke den Himmel schwarz verfärbt.

Gibbston Wines, angeblich südlichstes Weingut der Welt

Wo ist der Ausweg? Irrgarten bei Wanaka

tisch ausgeschürft. Steil aufragende Bergmassive gestalten ihre Ufer. Das Klima ist in dieser Region für neuseeländische Verhältnisse extrem: Die Sommer sind die heißesten im ganzen Land, im Winter wird es bitterkalt. Ideale Bedingungen für den Fremdenverkehr, der das ganze Jahr über Konjunktur hat: Während das Städtchen

Kingston: Die Lok »Kingston Flyer« ...

... und die Werkstatt des Maschinisten

Wanaka am Südufer des gleichnamigen Sees für beschaulichen Urlaub steht, ist Queenstown am Lake Wakatipu seit Jahren die touristische Metropole der Südinsel. Das quirlige 6000-Einwohner-Städtchen zählt jedes Jahr rund 1,3 Millionen Übernachtungen von Menschen, die suchen, was es anderswo in dem Inselstaat nicht gibt: Action zu Wasser, Land und in der Luft, Spaß, Sport, Nervenkitzel, endlich einmal Schnellebigkeit und sogar ein wenig Nachtleben. Auf der Mall, der kleinen Fußgängerzone, drängen sich Bistros, Restaurants, Diskotheken und Geschäfte. Souvenirs, vor allem Schaffelle und Wollwaren, finden besonders bei japanischen Gästen Anklang, die mit vollen Plastiktüten durch die Läden ziehen.
Langeweile haben in Queenstown allenfalls ängstliche Naturen. Denn ein bißchen Mut gehört schon dazu, mit knapp 80 Stundenkilometern im Jet-Boat über die Schnellen des Shotover River zu hüpfen oder im Schlauchboot Kaskaden hinunterzustürzen, was man

Entlang dem Lake Hawea führt die Straße nach Queenstown

Rafting nennt. Ganz zu schweigen vom Bungy Jumping, dem beherzten Sprung in die Tiefe von der 43 Meter hohen, historischen Kawarau Suspension Bridge, gehalten von einem an den Fußgelenken befestigten Kautschukseil.

Zu haben sind die Nervenkitzel nur gegen reichlich Dollar, und wer es sich leisten kann, wählt das sechsstündige Abenteuer-Kompaktprogramm. »Awesome Foursome« nennt es sich und besteht aus einem spektakulären Helikopterflug durch den Skippers Canyon, neun Kilometer Fahrt im Jet-Boat, Bungy Jumping von der 90 Meter hohen Skippers Bridge, einem weiteren Rennen im Jet-Boat und dem Wildwasser-Rafting im Schlauchboot als krönendem Abschluß der »Furchtbaren Vier«.

Sensiblere Gemüter begnügen sich mit der Gondelfahrt über 470 Meter auf den Bobs Peak, wo man den schönsten Blick auf Queenstown und den Lake Wakatipu genießt und in der Ferne die schwarze Rauchwolke des betagten Ausflugsdampfers »Earnslaw« erkennt.

Da Schnee im Winter meist nur auf den Höhen liegt und die Temperaturen am Seeufer selten unter den Gefrierpunkt fallen, bietet sich Touristen eine Fülle von Aktivitäten.

In der Umgebung von Queenstown und Wanaka liegen auf über 1500 Meter die attraktivsten Wintersportgebiete Neuseelands: Die Remarkables, Treble Cone und Mount Cardrona gelten als schneesicher. Der professionellste Ski-Zirkus wird am Coronet Peak geboten, doch gemütliches Hüttenleben wie in den europäischen Alpen sucht man vergebens. Wintersport in Neuseeland ist eben anders, allein schon durch den Blick von tief verschneiten Hängen in stets grüne Täler.

Grabstein erinnert an chinesischen Goldsucher

Lange vor Beginn des Tourismus begründeten Mitte des 19. Jahrhunderts Goldfunde den Aufstieg von Queenstown. Aus Flüssen und dem Boden holten die Digger Goldstaub und Nuggets. In Skippers Canyon, einer nahegelegenen wilden Schlucht, in deren Felsen sich der Shotover River tief eingegraben hat, begegnet man noch manchem Goldgräber-Schicksal. Auf dem kleinen, von Gras überwucherten Friedhof steht der Grabstein eines chinesischen Goldsuchers, der gemeinsam mit vielen seiner Landsleute mit der Suche erst begann, als den Weißen die Ausbeute schon zu gering geworden war.

Die Fahrt durch die Skippers-Schlucht ist nicht ungefährlich und deshalb für Mietautos untersagt. Aber in Queenstown werden Touren mit Kleinbussen angeboten – ebenso wie nach Macetown, einer Geisterstadt.

Voller Leben präsentiert sich dagegen Arrowtown, das heute sicher ansehnlicher und aufgeräumter ist als nach den ersten Goldfunden im Jahr 1862. Die liebevoll restaurierten Gebäude und das reichhaltig bestückte Museum an der Hauptstraße ziehen viele Besucher an, besonders während des Autumn Festivals, wenn Arrowtown eine große Bühne für Musik, Tanz und Straßentheater ist.

Milford Sound: ein Felsen wie eine Bischofsmütze

Ein weiter Umweg über die Städtchen Lumsden und Te Anau führt zum Milford Sound, der Attraktion im westlich gelegenen Fiordland National Park. Fast senkrecht ragen die Felsen zu beiden Seiten des Meeresarms auf, dessen Wahrzeichen der 1692 Meter hohe Mitre Peak ist, ein wie eine Bischofsmütze geformter Felsen.

Dampft noch täglich über den Lake Wakatipu: die betagte »Earnslaw«

Huckepack-Springen – Freizeitspaß in Queenstown

Queenstown schmiegt sich direkt an den Lake Wakatipu

Lebendige Einkaufsstraße: die Queenstown Mall

Fallschirmspringen, Drachenfliegen, Rafting, Skifahren und Wandern sind nur einige der Freizeitaktivitäten, die Queenstown bietet. Wo sich die Kleinstadt an das nördliche Ufer des Lake Wakatipu schmiegt, ließ sich Mitte des letzten Jahrhunderts William Rees als erster Siedler nieder und versuchte sich an der Schafzucht. Es dauerte nicht lange, bis auch in dieser Region ein Goldrausch ausbrach und Rees sich auf den Fährdienst nach Kingston verlegte.
In Queenstown erinnert nur wenig an diese bewegte Zeit vor über 100 Jahren, doch auf den Spuren der Goldgräber bewegt man sich in dem nahegelegenen Arrowtown am Arrow River, eine Art bewohntes Museumsdorf.

Rafting, ein nasses Vergnügen

In keiner Region Neuseelands fällt mehr Niederschlag als im Fiordland: sechs Meter im Jahr und damit zehnmal soviel wie beispielsweise in Hamburg. In diesem besonderen Klima liegt ein Reiz dieser von eiszeitlichen Gletschern geschaffenen Landschaft. Wasserfälle ergießen sich schäumend oder wie feiner Sprühregen nach unten, üppige Vegetation in allen Grünschattierungen bedeckt das Ufer und die Felsen, und aus dicken Moosteppichen tropft unaufhörlich das Wasser. Delphine spielen im Wasser, Robben räkeln sich in der Sonne, und Pinguine watscheln munter auf und ab.

Als erste Weiße wagten sich Robbenfänger in die Wildnis

Die Felle von Robben leiteten die ersten Weißen schon um 1800 an die wilde Küste im Südwesten, die damals von der übrigen Insel abgeschnitten und nur mit Booten erreichbar war. Die Männer bewegten sich auf den Spuren von Captain James Cook, der während seiner zweiten Reise nach Neuseeland im südlich des Milford Sound gelegenen Dusky Sound Jagd auf die zahlreichen Robben machen ließ, um an deren Fell und Fett zu kommen.
Vermutlich hatten sich in diese Region auch die letzten Moas vor den Speeren der Maori zurückgezogen. Das belegen Skelettfunde der Riesen-Laufvögel mit Schnittspuren von Metallklingen, die erst mit den Europäern in das Land gelangten.
Viel hat sich an der Erschließung des Fiordland nicht geändert, mit fast 1,3 Millionen Hektar einer der größten Naturparks der Erde. Manche Täler in seinem Süden sind bis heute kaum erforscht. Lediglich der bis zu 400 Meter tiefe Milford Sound ist über eine Straße erreichbar. Auf dem 534 Meter hohen Pass, wo Keas, freche Bergpapageien, die Touristen amüsieren und ärgern, durchstößt der Homer-Tunnel das Bergmassiv. Dort bleiben auch die dichten Nebelschwaden zurück, die am Milford Sound häufig die Sicht trüben. Wenn im Winter Lawinen herabstürzen, sind die Siedlungen am Fjord manchmal für Tage von der Außenwelt abgeschnitten.
Die idyllische Ansiedlung Te Anau sollte man nicht nur durchfahren. Wer hier über Nacht bleibt, hat abends die Mög-

Dichtes Moos und Flechten klammern sich an die Bäume im Fiordland

In keiner Region Neuseelands fällt soviel Niederschlag wie im Fiordland an der Westküste. Das rauhe Klima und ihre Abgeschiedenheit bewahrten diese Landschaft vor menschlichen Eingriffen. Nur ein paar Robbenjäger hielten es dort eine Weile aus. Die meisten Besucher reisen mit dem Bus von Te Anau an den Milford Sound, doch weitaus reizvoller ist die Wanderung auf dem Milford Track. Der Weg führt Wanderer in vier Tagen vom Nordende des Lake Te Anau zum Milford Sound. Ebenso bekannt ist der vier Tage dauernde Hollyford Track, an dessen Ende in der Martin's Bay man sich vom einem Flugzeug abholen läßt. Regenfeste Kleidung gehört bei beiden Wanderungen ins Gepäck.

Immer wieder führt der Greenstone Valley Track über kleine Bäche

Busse fahren Touristen durch das Kraftwerk am Lake Manapouri

Teile des Routeburn Tracks sind durch Brücken und Stege gesichert

Der Milford Sound ist ein Muß für Besucher des Landes

lichkeit, die Glühwürmchen-Höhlen am anderen Ufer des Lake Te Anau zu besuchen. Und bei Naturfreunden ist der 54 Kilometer lange Milford Track beliebt, eine vier- bis fünftägige Wanderung vom Nordzipfel des Te Anau-Sees über die rauhen Berghöhen des Fiordland zum Milford Sound, wo ein Hotel nach Entbehrungen, Regen, einfachen Hütten und kargen Mahlzeiten wieder Komfort bietet. Die Nachfrage hat zu Reglementierungen geführt: Zugelassen sind nur geführte Gruppen oder angemeldete Einzelwanderer.

Ein Wasserkraftwerk 213 Meter unter der Erde

Über eine eintägige kombinierte Bus-Schiffstour ist auch der Doubtful Sound

Die Bowen Falls am Milford Sound

leicht zugänglich. Nicht nur der Fjord lohnt den Ausflug, sondern auch die Fahrt über den Lake Manapouri, die schließlich in ein unterirdisches Wasserkraftwerk führt. In Röhren werden die Wassermengen für die dort angebrachten Turbinen herbeigeführt und fallen 213 Meter tief senkrecht auf die Schaufelblätter. Durch diese aufwendige Maßnahme blieb der Lake Manapouri in den sechziger Jahren von der geplanten Anhebung seines Wasserspiegels verschont. Umweltschützer hatten dieses Projekt kritisiert.

Queenstown

Karte: Planquadrat G 5.
Neuseelands »Abenteuerspielplatz« am Wakatipu-See.
Anreise: Mit dem Flugzeug (jede inländische Gesellschaft landet hier) oder dem Bus.
Sehenswürdigkeiten: Ein Muß ist die Gondelfahrt zum Aussichtspunkt »Skyline« auf Bobs Peak (täglich 10 bis 22 Uhr). Dem Sport und Abenteuer sind kaum Grenzen gesetzt, Höhepunkt ist das »Awesome Foursome« (Jet-Boat, Rafting, Bungy Jumping, Helikopterflug durch die Skippers-Schlucht). Der Spaß kostet über 200 Mark. Über die aktuellen Angebote informieren rund ein Dutzend Buchungsbüros in Queenstown. Einer der landschaftlich schönsten Golfplätze des Landes liegt bei Frankton direkt am See: Kelvin Heights.
Ausgezeichnete Skigebiete sind Coronet Peak und die Remarkables, die teilweise auch im Sommer für Wanderer die Lifte geöffnet haben.
Ausgehen: Die Auswahl ist groß und das Angebot meist gut. Auf der Mall (Fußgängerzone) sind Westy's und Avanti ein guter Tip. Ein empfehlenswertes japanisches Restaurant ist Minami Jujisei (45 Beach Street), und Lammspezialitäten gibt es im The Promenade (THC-Hotel, Earl Street/Marine Parade).
Gibbston Valley Wines bezeichnet sich als das südlichste Weingut der Welt: am Highway 6, nahe der »Bungy-Brücke« etwas außerhalb von Queenstown, täglich 11 bis 18 Uhr.
Empfehlenswerte Pubs und Diskotheken: Chico's (The Mall), Club 21 (54 Shotover Street) und Penthouse (The Mall).
Ausflüge: Mit dem Auto über eine Schotterpiste entlang dem Lake Wakatipu nach Glenorchy. Touren mit dem Mountain-Bike durch die Gebirgslandschaft. Wanderungen (Routeburn Track von Glenorchy zum Milford Hwy., nördlich von Te Anau) und weitere Strecken. Mit dem Dampfer »Earnslaw« über den Lake Wakatipu mit Besuch einer Farm.
Die Dart River Jet Boat Safari startet morgens um 8.15 Uhr und führt sechs Stunden lang durch die Bergwelt (Telefon 03/4 42 99 92).
Unterkunft: Die größte Auswahl in ganz Neuseeland, vom Wohnmobil-Campingplatz über das Backpacker Hilton (in bester Seelage direkt im Stadtzentrum) und das Edelweiß bis hin zur feinen Travelodge. Trotz des großen Andrangs hält die starke Konkurrenz die Preise in Grenzen.
Veranstaltungen: Mitte April ist Arrowtown Schauplatz des Autumn Festivals in Erinnerung an die Zeit des Goldrausches. Im August beginnt das Winter-Festival am Skigebiet Coronet Peak und in Queenstown.
Information: Visitor Information, Shotover Street/Ecke Camp Street, Tel. 03/4 42 82 38, Mo bis Fr 8.30 bis 17 Uhr, Sa 8.30 bis 12.30. Department of Conservation, Stanley Street/Ecke Ballard Street, Tel. 03/4 42 79 33, Mo bis Fr 8.30 bis 17 Uhr (Informationen über Wanderungen und den Otago Goldfields Heritage Highway).

REISE-INFO QUEENSTOWN, FIORDLAND

Wanaka

Karte: Planquadrat G 5.
Der ruhige Nachbar von Queenstown mit etwa 2000 Einwohnern.
Anreise: Mit dem Bus.
Sehenswürdigkeiten: Maze and Puzzle Centre mit einem Labyrinth (außerhalb am Highway 2, täglich 8.30 bis 17.30 Uhr).
Unterkunft: Meist kleine und von Familien geführte Häuser wie das Lakeview Motel (68 Lismore Street) und das Bay View Motel (Mount Aspiring Road).
Ausgehen: Wenige mäßig gute Restaurants. Empfehlenswert, auch wegen der Atmosphäre, ist das rund 25 Kilometer außerhalb des Ortes in Richtung Cardrona (Highway 89) gelegene Cardrona Hotel (Tel. 03/4 43 81 53, wechselnde Öffnungszeiten). Übernachten kann man dort nicht.
Ausflüge: Die Siberia Experience ist an der Ranger Station Makarora beim Haast Pass Tourist Service zu buchen (Tel. 03/4 43 83 72).
Sport: Ausgezeichnete Skigebiete befinden sich am Treble Cone (mit traumhafter Aussicht auf den Lake Wanaka) und am Cardrona. Von Wanaka aus fährt man jeweils 30 Minuten bis zum Skilift. In Wanaka werden auch reizvolle Heli-Skiing-Touren angeboten. Die School of Paragliding (Tel. 03/4 43 91 93) lehrt das Gleitschirmfliegen.
Information: Wanaka Booking Centre, Ardmore Street, Tel. 03/4 43 72 77. Department of Conservation, Ardmore Street, Tel. 03/4 43 76 60.

Stop-go-men regeln den Verkehr im Fiordland

Te Anau, Fiordland

Karte: Planquadrat F 5, 6.
Mit 1,3 Millionen Hektar Neuseelands größter Nationalpark. Bedeutendster Ort dieser Region ist Te Anau mit 3000 Einwohnern.
Anreise: Mit dem Bus.
Unterkunft: Mehrere Mittelklasse-Hotels. Die lästigen Sandflies können ruhigen Schlaf im Gebiet des Milford Sound vereiteln.
Ausflüge: Von Te Anau bis zum Milford Sound sind es 118 Kilometer, die Fahrt mit dem Auto dauert etwa zweieinhalb Stunden. Kombinierte Bus- und Radtouren nach Milford werden ab Te Anau angeboten (Adventure Tours, Tel. 03/2 49 72 27). In Milford starten Schiffe zur Fahrt über den Meeresarm. Fiordland Travel in Te Anau (Tel. 03/2 49 74 19) bietet auch Touren zum Doubtful Sound an.
Die Wanderung auf dem berühmten, aber ziemlich frequentierten Milford Track muß über das Fiordland Visitor Centre (Tel. 03/2 49 74 11) oder das Neuseeländische Fremdenverkehrsamt in Frankfurt gebucht werden. Die Te Anau Caves (Glühwürmchenhöhlen) sind mit dem Schiff von Te Anau aus zu erreichen (Fiordland Travel).
Information: Fiordland National Park Visitor Centre, Te Anau Terrace, Tel. 03/2 49 79 21, täglich 8 bis 17 Uhr.

NÄHE IST BEI UNS KEIN ZUFALL, SONDERN ABSICHT

Nähe ist ein wichtiger Bestandteil unseres Unternehmenskonzepts.

Denn dieses verpflichtet uns dazu, die Grundversorgung des Bürgers mit kompetenten Bankleistungen sicherzustellen.

Regionale Verbundenheit schafft ein Vertrauenspotential beim Kunden, das jedem Gespräch die Atmosphäre echter Partnerschaft verleiht und zugleich den Unterschied markiert zwischen Beratung und individueller Beratung.

Denn: Guter Rat ist persönlicher Rat. Und wir meinen: Auch Vertrauen ist ein Aktivposten in der Bilanz.

Sparkasse

Ein Unternehmen der Finanzgruppe

DUNEDIN, SOUTHLAND Land der Schaffarmer und Goldsucher

Viel Abwechslung bietet Stewart Island seinen 400 Bewohnern nicht, außer dem Smalltalk beim Bier im South Sea Hotel. Munteres Leben findet man auf der Südinsel in der Stadt Dunedin, die ihren Aufschwung Ende des letzten Jahrhunderts während eines Goldrausches nahm. Besucher zieht es zum Angeln oder Wandern hinaus in die Einsamkeit.

Gelbaugen-Pinguin ...

... und Seelöwe auf der Otago-Halbinsel

Kormorane nisten an der Steilküste bei Dunedin

Presbyterianische Schotten gründeten Dunedin und gaben der Stadt den gälischen Namen der schottischen Hauptstadt Edinburgh. Noch heute besitzt Dunedin ein wenig britisches Flair, und am Octagon, dem Hauptplatz, steht sogar ein Denkmal des schottischen Dichters Robert Burns.
Wie viele Ansiedlungen profitierte die Stadt Mitte des 19. Jahrhunderts vom Goldrausch im Hinterland, gewann später aber neue Konturen als Industrie-, Handels- und Universitätsstadt.
Nur wenige Kilometer entfernt ist die Otago Peninsula reich an Vögeln: Man beobachtet Gelbaugen-Pinguine, stolze Albatrosse und viele weitere Seevögel.

Fassade im viktorianischen Stil: das Southern Cross Hotel

Larnach Castle, das einzige Schloß im Land

Flämischer Renaissance-Stil: Dunedins Bahnhof

Man schrieb den 23. Mai 1861, als ein gewisser Gabriel Read im heutigen Lawrence am Tuapeka River auf Gold stieß und diese Kunde verbreitete. In Windeseile bevölkerten mehr als 11 500 Menschen das wertvolle Stückchen neuseeländischer Erde auf halbem Wege zwischen dem Städtchen Gore und der Hafenstadt Dunedin. Lawrence wuchs zu einer der größten Siedlungen des Landes und war rasch doppelt so groß wie das damals schon bedeutende Dunedin.

Rund um Gabriels Gully, wie der Fundort später genannt wurde, schaufelten die Goldsucher riesige Krater in die Landschaft, trugen Hügel ab und ließen ein ausgebeutetes, zerstörtes Terrain zurück. Niemand dachte zu dieser Zeit an Rekultivierungmaßnahmen. Obwohl die rasch wuchernde neuseeländische Vegetation Narben in der Landschaft meist schnell verschwinden läßt, sind diese Schäden immer noch erkennbar.

Relikte der Goldsucher: ein Kramladen und eine enge Kneipe

Heute zählt Lawrence gerade einmal 600 Einwohner. Vom Reichtum vergangener Tage sind dem Dorf einige hübsche Gebäude im viktorianischen Stil wie das kleine Postamt geblieben. Andere Goldgräber hinterließen der Nachwelt dagegen nur Ruinen oder eine Handvoll Holzhäuser: Zwölf Familien leben noch in St. Bathans, wo das edle Metall einst 2000 Menschen ernährte. Von den ehemals 13 Hotels steht lediglich noch das Vulcan Hotel, ein grober Holzbau aus dem Jahr 1869, in dessen engem Schankraum man bei Bier und Billard garantiert mit einem der Einheimischen ins Gespräch kommt. Wo sich neben der Kneipe der fast 70 Meter tiefe, blauschimmernde Blue Lake befindet, erhob sich vor der Goldsuche ein 120 Meter hoher Hügel. Und in dem Städtchen Clyde richtete man den 1865 für Goldsucher gebauten Kramladen wieder her und bietet unter dem Namen Oliver's gute Küche und ein Hotel, in dem die Gäste in alten, fein restaurierten Pferdeboxen übernachten. Zu diesen und anderen leergeräumten Goldfeldern zwischen Dunedin und Queenstown in Central Otago führt der Otago Goldfields Heritage Highway.

Die Hafenstadt Dunedin am Pazifik profitierte im 19. Jahrhundert vom Goldrausch im Hinterland. Nicht nur die Goldhändler, Kneipen, Spielhallen und Bordelle verdienten gut an erfolgreichen Diggern, auch die seriöseren Geschäftemacher erlebten einen grandiosen Aufschwung. Handel und Industrie blühten.

Zu einem bedeutenden Wirtschaftszweig entwickelte sich in diesen Jahren

Sommerspaß: Bowls in Dunedin

die Viehwirtschaft, insbesondere die Schafzucht. Ihren Durchbruch erlebte sie, als es 1882 einem Segelschiff gelang, Gefrierfleisch in drei Monaten unbeschadet von Dunedin nach London zu transportieren – ein für damalige Schiffstransporte sensationeller Erfolg. Zum Wohlstand trug zudem die größte Walfangstation des Landes bei.

Ihren Geiz ließen die Schotten in der alten Heimat zurück

Dunedin war von schottischen Einwanderern nach dem Vorbild ihrer Hauptstadt Edinburgh angelegt worden, dessen gälischen Namen es trägt. Ihren sprichwörtlichen Geiz schienen die Schotten in ihrer alten Heimat zurückgelassen zu haben, denn kolossale Bauwerke, wertvolle Materialien und reich verzierte Fassaden bezeugen, wie großzügig die Stadtplanung rund um das Octagon, den achteckigen, zentralen Platz, betrieben wurde.

Eines der schönsten Gebäude ist der Bahnhof mit einem kunstvollen Fußboden in der Schalterhalle, dessen Motive aus 725 760 bunten Mosaiksteinchen zusammengesetzt sind. Der flämische Renaissance-Stil mit der Pfefferkuchen-Fassade brachte dem Architekten den Spitznamen Gingerbread George ein. Neben dem Bahnhof steht die 1895 gebaute, dem Londoner New Scotland Yard nachempfundene Hauptpolizeiwache, und ein Stückchen weiter dokumentiert das Otago Early Settlers Museum anschaulich die Anfänge der Besiedlung in dieser Region.

Mit der seit 1861 erscheinenden Otago Daily Times besitzt Dunedin nicht nur die älteste Zeitung Neuseelands, sondern richtete 1869 in ehrbaren neugotischen Backsteingebäuden auch die erste Universität des Landes ein. Rund 11 000 Studenten sorgen für frische Lebensart, originelle Läden, flippige Lokale und kreative Restaurants in der 100 000-Einwohner-Stadt und wirken der Tristesse entgegen, die der wirtschaftliche Niedergang auslösen könnte: Die hohe Arbeitslosigkeit und das oft kühl-nasse Wetter treiben viele junge Leute in den Norden.

Kormorane und Albatrosse: Kolonien am Taiaroa Head

Zwar gibt es noch das prächtige Olveston House zu besichtigen, das ein weitgereister Kaufmann 1906 mit 35 Zimmern, technischen Finessen und unzähligen Mitbringseln ausstattete. Doch unübersehbar hat Dunedin kräftig Patina und an manchen Stellen häßlichen Rost angesetzt. Nicht nur die Zeit des Goldes ist lange vorüber, auch die Kühlschiffe starten in anderen Häfen, und der Walfang wurde längst eingestellt.

Von seiner schönsten Seite präsentiert sich die Region Dunedins auf der weit ins Meer ragenden Otago Peninsula. Als Portobello Road führt die Uferstraße aus der Stadt hinaus und über die Halbinsel, stets die Hafenbucht im Blick. In ihr liegt Quarantine Island, eine ehemalige Quarantäne-Station. Und am nördlichen Zipfel, dem Taiaroa Head, wo Maori und später die Weißen ihre Befestigungsanlagen bauten, ziehen in einer Kolonie oben auf der Klippe Königs-Albatrosse ihren Nachwuchs groß. Etwa zwölf Vogelpaare kehren jedes Jahr hierhin zurück und lassen sich aus der Distanz beobachten. In der Steilküste

In sanften Wellen zieht sich die Landschaft zwischen Roxburgh und Alexandra hin

Schafwolle ist ein Hauptexportgut des Landes

gleich um die Ecke bauen Kormorane ihre Nester, und einen kurzen Fußweg entfernt, über Weideland hinweg, liegen einem am Strand die Kolonien von Robben und Gelbaugen-Pinguinen praktisch zu Füßen.

Der Herr des einzigen Schlosses jagte sich eine Kugel in den Kopf

Die Krönung der Halbinsel ist Larnach Castle, das einzige Schloß Neuseelands. Die eigenwillige Architektur aus dem Jahr 1871 inmitten eines Parks löst Faszination oder Grusel aus – je nachdem ob die Sonne scheint oder Nebelschwaden über das Gelände wabern. Eheprobleme und finanzielle Nöte sollen William Larnach, Schloßherr, Bankier und Politiker in einer Person, 1898

Clyde ist eine Stadt aus der Goldgräberzeit

Leben im Freien: moderne Goldgräber

bewogen haben, sich mit einer Pistole eine Kugel in den Kopf zu jagen – vor den Augen aller Abgeordneten während einer Parlamentssitzung in Wellington.

Echtes neuseeländisches Landleben lernt man am besten während eines Farmstays, vergleichbar mit »Ferien auf dem Bauernhof«, kennen. Derartige Übernachtungsmöglichkeiten sind auch in den Catlins, einem bewaldeten, einsamen Küstenstreifen östlich von Invercargill, zu finden.

An den Straßenschildern läßt sich ablesen, daß viele Bewohner dieser südlich-

Bluff, Neuseelands südlichster Hafen

Das Southland ist ein Zentrum der neuseeländischen Schafzucht. Die meiste Zeit des Jahres sind die Tiere auf den Weiden auf sich gestellt und werden erst zur Schur zusammengetrieben. Überall sieht man dann die Farmer auf ihren Gelände-Motorrädern, unterstützt vom einem halben Dutzend abgerichteter Hunde. Geschoren werden die Tiere von Arbeiterkolonnen, die von Farm zu Farm ziehen und die Tiere innerhalb weniger Minuten von ihrer Wolle befreien. Diese wird in große Säcke gepreßt und exportiert oder im Land verarbeitet. Größtes Exportland ist Neuseeland auch für Lammfleisch.

Einfach und gemütlich: Wohnzimmer in St. Bathans

 sten Stadt des Landes schottische Vorfahren haben. Die wegen der häufigen Regenfälle im Southland auch im Sommer stets grünen Weiden schaffen ideale Bedingungen für die Viehzucht. Geschlachtet und verarbeitet werden die Tiere zum großen Teil in Invercargill, dessen Schlachthäuser in der »killing season« Hochkonjunktur haben.

Ein Pub, ein Geschäft und eine Tankstelle – das ist alles

Von Bluff, dem Hafen der Stadt und Sitz der größten neuseeländischen Aluminiumhütte, geht das tiefgefrorene Fleisch in alle Welt. Von dort rast auch ein Katamaran über die meist unruhige Foveaux Strait nach Stewart Island. Die 174000 Hektar große Insel ist die letzte

In Big Glory Bay werden Lachse angelandet

Familie auf Stewart Island

neuseeländische Bastion vor dem 5200 Kilometer entfernten Südpol. Die meisten der 400 Bewohner leben in der Insel-Hauptstadt Halfmoon Bay (Oban), die diesen Beinamen indes kaum verdient: Ein kleiner Supermarkt, ein Pub mit angeschlossenem Hotel, ein Campingplatz, eine Tankstelle und drumherum die Wohnhäuser, das ist alles.
Doch die meisten Besucher nehmen die Anreise in Kauf, um in einer Region zu wandern, in der man eher einem Kiwi begegnet als einem anderen menschlichen Wesen. Dank der isolierten Lage sind ansonsten selten gewor-

Abendstimmung auf Stewart Island

dene Vogelarten auf Stewart Island noch verbreitet – auch neuseeländische Singvögel, die viele Ornithologen auf die Insel locken.
Das einzige komfortable Refugium befindet sich in Halfmoon Bay: die Stewart Island Lodge, eine gemütliche Pension mit nur vier Zimmern, einer eigenen Yacht und Familienanschluß.

Nur selten machen Stege die aufgeweichten Wanderwege besser begehbar

Der einzige Ort der Insel: Halfmoon Bay am Paterson Inlet

Angeltour bei ruhiger See: vor Ulva Island

Albatros – ein Flugkünstler, doch tolpatschig an Land

Nur ein paar Unentwegte zieht es nach Stewart Island vor der Südküste, wo kaum 400 Menschen leben – die meisten im Hauptort Halfmoon Bay. Benannt wurde das rauhe Eiland nach William Stewart, dem ersten Offizier eines Robbenfängerschiffs, das die Insel um 1820 zum ersten Mal umsegelte. Kapitän Cook hatte sie bei seiner Reise 50 Jahre zuvor noch für einen Teil der Südinsel gehalten und ihr den Namen Cape South gegeben. Wanderungen auf Stewart Island sind nur begeisterten Naturfreunden zu raten, denn der häufige Regen verursacht unwirtliche Bedingungen und verwandelt die Wege in Schlammlöcher.

Stewart Island: Moa-Jäger waren die ersten Siedler

Schon ab dem 13. Jahrhundert war Stewart Island von Jägern der Moas, straußenähnlicher Vögel, bewohnt. Auf einer Karte erschien der Inselname erstmals im Jahr 1816, und vier Jahre später siedelte sich eine Handvoll Robbenjäger auf der nahen Codfish Island an.
Danach waren es Walfänger, die sich freiwillig dieser Isolation und unwirtlichen Welt auslieferten. Einer von ihnen war der in Amerika geborene Lewis Acker. Schon 1834 errichtete er ein einfaches Haus aus Stein, Lehm und Muschelschalen, das noch am südlichen Ende von Halfmoon Bay, bei Acker's Point, als historisches Denkmal steht.
Nachdem die britische Krone 1840 ihren Herrschaftsanspruch geltend gemacht hatte, kaufte Commissioner Clarke die Insel 24 Jahre später den dort lebenden Maori ab. Kurze Zeit danach starb ein großer Teil dieser ersten Siedler an den von Weißen mitgebrachten Masern.
Ab Mitte des 19. Jahrhunderts entdeckten Holzfäller den reichen Baumbestand auf Stewart Island. Durch Raubbau drohte das Eiland zu veröden, was die Regierung im Jahr 1931 dazu veranlaßte, ein generelles Abholzungsverbot zu erteilen, das bis heute gilt.
Trotz des Holzabbaus sind große Teile von Stewart Island weitgehend unverfälscht und ein Paradies für Wanderer, die sich auf unwirtliche Bedingungen einlassen wollen: Die Wege sind häufig schlammig und führen durch eine zerklüftete Landschaft.
Neben dem Tourismus leben viele Insulaner vom Fischreichtum des Meeres. Langusten werden exportiert, sogenannte Bluff-Austern gelten als ganz besondere Delikatesse, und im Wasser der Lachsfarmen gedeihen die Edelfische prächtig – wenn nicht, wie vor einigen Jahren passiert, eine gewaltige Algenschwemme die Bestände dezimiert.

Dunedin

Karte: Planquadrat H 6.
Viertgrößte Stadt Neuseelands (106 000 Einwohner), Zentrum Otagos und Universitätsstadt.
Anreise: Mit dem Zug Southerner Express von Christchurch, dem Bus oder Flugzeug.
Sehenswürdigkeiten: Eine Broschüre der Visitor Information führt zu den historischen Gebäuden im Zentrum der »City of Grace and Grandeur« (Know the City Walk). Einblicke in vergangene Tage geben das Otago Early Settlers Museum (220 Cumberland Street, täglich geöffnet) und das Olveston House, 42 Royal Terrace (Reservierungen für die geführten Touren über die Visitor Information notwendig). Die sehenswerte Universität liegt an der Albany/Ecke Cumberland Street.
Unterkunft: Oft mit Familienanschluß sind die kleinen Bed and Breakfast-Häuser, wie Magnolia House und Manono House.
Ausgehen: Das Restaurantangebot ist ausgezeichnet. Empfehlenswert sind Thyme out (5 Stafford Street), Hightide (29 Kitchener Street), Blades Restaurant (450 George Street), 95 Filleul (95 Filleul Street) und Just Desserts (29-31 Bath Street)
Ausflug: Der Taieri River Gorge Train fährt je nach Saison mehrmals wöchentlich durch die schönsten Gegenden Otagos (Tel. 03/ 4 77 44 49).
Einkaufen: Im Carnegie Centre, früher die Stadtbibliothek und heute ein Kunst- und Kulturzentrum, gibt es am Wochenende einen Handwerkermarkt (110 Moray Place).
Information: Visitor Information, 48 The Octagon, Tel. 03/4 74 33 00, täglich 8.30 bis 17 Uhr. Department of Conservation, 77 Stuart Street, Mo bis Fr 8.30 bis 17 Uhr, Tel. 03/4 77 06 77.

Otago Peninsula

Karte: Planquadrat H6.
Anreise: Mit dem Auto.
Sehenswürdigkeiten: Das Larnach Castle ist täglich von 9 bis 17 Uhr geöffnet. Taiaroa Head ist ein Schutzgebiet für Robben, Königs-Albatrosse und Gelbaugen-Pinguine. Robben und Pinguine können auf dem Gelände des Farmers McGrouther beobachtet werden. Auskunft erteilt das Info-Zentrum der

REISE-INFO
DUNEDIN, SOUTHLAND

Royal Albatross-Kolonie am Taiaroa Head (geöffnet vom 24. November bis 16. September täglich von 9 bis 17 Uhr).
Unterkunft: Stilvoll übernachten und speisen kann man im Larnach Castle (Tel. 03/4 76 13 02).

Central Otago

Karte: Planquadrat H 5, 6, G 6.
Das Gebiet zwischen Dunedin und Queenstown mit Alexandra als wirtschaftlichem Zentrum.
Anreise: Mit dem Bus.
Sehenswürdigkeiten: In dem 130 Jahre alten Hotel Fruitlands Gallery werden Gemälde und Handarbeitsprodukte ausgestellt und vegetarische Snacks verkauft (täglich 9 bis 17 Uhr, Highway 8, von Dunedin kommend 13 Kilometer vor Alexandra). Sehenswert ist der Staudamm am Clutha River bei Clyde. In Lauder befindet sich die – nicht für die Öffentlichkeit zugängliche – Station zur Beobachtung des Ozonlochs.
Veranstaltungen: Im Mai feiern die Farmer bei Millers Flat nahe Roxburgh am Highway 8 das Apfelfest.
Ausflug: Der Pub-Trail führt zu 18 urigen Kneipen (»Hotels«) in Central Otago, darunter der Pub in St. Bathans. Die entsprechende Karte gibt es u. a. in Oliver's Restaurant in Clyde (Main Street, Tel. 03/4 49 28 60), das für Übernachtung und Dinner eine der besten Empfehlungen Neuseelands ist.
Information: Visitor Information, 22 Centennial Ave., Alexandra, Telefon 03/4 48 95 15.

Die St. Paul's Anglican Cathedral in Dunedin

Invercargill

Karte: Planquadrat G 7.
Südlichste Stadt Neuseelands, in deren Einzugsgebiet rund 55 000 Menschen leben.
Anreise: Mit dem Zug Southerner Express (nachts und tagsüber von Christchurch), dem Bus oder Flugzeug mit Anschluß nach Stewart Island.
Ausflug: Fast jeder Tourist läßt die Landschaft der Catlins zwischen Invercargill und Balclutha links liegen, obwohl der versteinerte Wald an der Curio Bay und die Cathedral Caves einen Besuch wert sind.
Information: Visitor Information, 82 Dee Street, Tel. 03/2 18 60 91, Mo bis Fr 9 bis 17 Uhr.

Stewart Island

Karte: Planquadrat F, G 7.
Anreise: Ab Bluff mit dem Katamaran (Stewart Island Marine, Tel. 03/ 2 19 13 27, Fahrtzeit 60 Minuten, zwischen November und April Mo bis Fr 9.30 Uhr und 17 Uhr, So nur 17 Uhr, in den übrigen Monaten nur Di und Fr 9.30 Uhr und 17 Uhr). Ab Invercargill mit Southern Air (Tel. 03/2 18 91 29) mehrmals täglich. Es dürfen nur 15 Kilo Gepäck mitgenommen werden.
Sehenswürdigkeiten: Traumhaft ist die Aussicht nachts vom Observation Point (oberhalb des Paterson Inlet) auf das Sternbild des Southern Cross, Motiv der neuseeländischen Flagge.
Unterkunft: Meist preiswerte Unterkünfte für Rucksackreisende. Im Hochsommer sollte reserviert werden.
Ausflüge: Ulva Island hat wunderbare, einsame Strände und einen Waldlehrpfad. Die Insel im Paterson Inlet liegt eine halbe Stunde mit dem Boot von Halfmoon Bay entfernt. Matangi Charters (Tel. 03/2 19 11 44) organisieren Touren zur Lachsfarm und führen in der Dämmerung zu Kiwis in freier Natur.
Wanderungen: Die meist aufgeweichten Pfade (wie der Northwest Circuit, auf dem man etwa zehn Tage unterwegs ist) sind vor allem geeignet für hartgesottene Wanderer, die dafür eine grandiose Fauna und Flora erleben.
Information: Visitor Information, Main Road, Halfmoon Bay, Telefon 03/ 2 19 11 30, Mo bis Fr 9 bis 16 Uhr, an Wochenenden nur in den Sommermonaten Dezember und Januar.

Britisches Stadtbild im Südpazifik: Reihenhäuser in Dunedins Innenstadt

Braukessel in der Speight's Brewery

Komfortable Unterkunft für schmale Geldbeutel: das Backpackers' Hostel

Stolz der Familie: ein alter Citroën

Wer nach Dunedin kommt, kann bei schlechtem Wetter einen Besuch in der Speight's-Brauerei und der Cadbury-Schokoladenfabrik einplanen. Oder in einem Café Tee, britische Scones mit Sahne und Marmelade oder gar sehr schottischen Shortcake genießen, ein gehaltvolles Buttergebäck. Wenn die niedlichen Gelbaugen-Pinguine und Albatrosse nicht wären, könnte man sich in einer Stadt irgendwo in Großbritannien wähnen.

Pinguine sind häufige Gäste auf Howard McGrouther's Farm

CHRISTCHURCH, KAIKOURA

Vom lieblichen Städtchen Kurs Antarktis

Vor Kaikoura gibt es die seltene Gelegenheit, Pottwale und Delphine nahe der Küste zu beobachten. Die größte Stadt dieser Region ist Christchurch, vor 150 Jahren von britischen Siedlern in eine öde Sumpflandschaft gebaut. Von der lieblichen Stadt starten die Neuseeländer Expeditionen und Reisen in die Antarktis.

Eine unwegsame Sumpflandschaft trafen die ersten Siedler aus Europa dort an, wo sich heute Christchurch erstreckt. Auf vier Schiffen hatten die 780 Einwanderer die weite und gefährliche Reise über die Ozeane angetreten. Doch als sie im Jahr 1850 im Hafen von Lyttelton an Land gingen, lag noch der zweitägige, beschwerliche Fußmarsch über die steilen Port Hills vor ihnen. Auf der anderen Seite der Hügelkette, im Mündungsbereich der Flüsse Avon und Heathcote, sollte ihre Stadt entstehen.

Die Siedler leisteten ganze Arbeit, mit »Sitte und Anstand«. Schon nach einem Jahr machte die Ortschaft auf Neuankömmlinge einen für damalige Verhältnisse zivilisierten Eindruck. Es gab ebenso viele Kirchen wie Kneipen, und 1864 wurde sogar mit dem Bau einer Kathedrale begonnen, der St. Paul's Cathedral. Noch heute erhebt sich der sakrale Bau, dessen Turm einen netten Rundumblick bietet, auf dem Cathedral Square.

Dort hat ein Zauberer das Sagen, der »Wizard«. Eigentlich heißt er Ian Brackenbury-Channell und war vor seiner Zauber-Tätigkeit Professor für Philosophie. Jetzt liest das offiziell anerkannte »lebende Kunstwerk«, hoch auf einer roten Leiter stehend, seinen Zuhörern auf dem Kirchplatz kräftig die Leviten, an jedem Werktag um die Mittagszeit. Sein bestes Streitthema ist die Emanzipation der Frau und die Dummheit der Männer, sich diese Entwicklung gefallen zu lassen, wie der Professor meint.

Cafés, Kunst und Kultur: das ehrwürdige Arts Centre

Das liebenswerte Christchurch zeichnet sich auch durch eine junge Kunst- und Kulturszene, schicke Restaurants und nette Kneipen aus. Die dicken, dunklen Mauern des Arts Centre, wie die meisten anderen neugotischen Gebäude vom Architekten Benjamin Mountfort entworfen, umschlossen bis 1970 die alte Canterbury Universität. Heute fertigen und verkaufen Künstler und Kunsthandwerker in dem verschachtelten Bauwerk unter anderem originellen Silberschmuck und Möbel aus Kauri-Holz. Ein Theater hat hier seinen Platz gefunden sowie Cafés, ein Pub mit Biergarten und das Restaurant Dux de Lux, in dem man sehen und gesehen werden will.

Im Sommer tritt er in weißem und im Winter in schwarzem Gewand auf, doch seine Aussagen sind stets die gleichen: Lauthals schimpft der Wizard auf dem Cathedral Square von Christchurch über die Unzulänglichkeiten der Welt und mit Vorliebe über weibliche Emanzipation.
Christchurch ist die lieblichste neuseeländische Großstadt, auf deren Avon-Fluß im Sommer die Gondeln verkehren und die Leute gemächlich durch die Parks schlendern. Die Stadt ist zudem das wirtschaftliche Zentrum der Südinsel und Ausgangspunkt für Expeditionen in die Antarktis.

Bunte Fassaden säumen den Cathedral Square in Christchurch

Gaudi für (japanische) Touristen: Gondeln auf dem Avon River

Das Arts Centre war früher Universitätsgebäude

Teppichkunst stellt diese Galerie im Arts Centre aus

Bald nach ihrer Ankunft begannen die ersten Siedler 1864 mit dem Bau der St. Paul's Cathedral

Wissenschaftliches Kernstück der ehemaligen Universität ist das nachgebaute Labor des neuseeländischen Physikers und Nobelpreisträgers Ernest Rutherford, der als »Vater der Kernphysik« gilt. Der 1871 bei Nelson geborene, spätere Nobelpreisträger für Chemie entwickelte auf Grundlage der unter

Redegewandtes Unikum der Stadt: der Wizard

anderem von ihm entdeckten Streuung der Alpha-Strahlen an Atomkernen das nach ihm und Niels Bohr benannte Atommodell.

Da befindet sich das nur wenige Meter entfernte Christ's College in guter Gesellschaft, zumal die Schüler gestreifte Uniformen wie anno dazumal tragen müssen. Gleich daneben steht das Canterbury Museum, gegründet von dem regen Geologen Julius von Haast. Die interessante Hall of Antarctic Discovery, die anschaulich über den »benachbarten« Kontinent informiert, wurde dagegen in das neue International Antarctic Centre unweit des Flughafens verlegt.

Gegründet von Edmund Hillary: die Scott Base in der Antarktis

Das Interesse der Neuseeländer an der Antarktis ist schon aus der relativen geografischen Nähe her verständlich. Alexander von Tünzelmann war am 24. Januar 1895 der erste »Kiwi«, der zusammen mit anderen Walfängern den Fuß auf den eisigen Kontinent setzte. Seit Ende der fünfziger Jahre unterhält

Neuseeland dort eine ursprünglich von dem Bergsteiger Sir Edmund Hillary gegründete Forschungsstation, die ständig besetzte Scott Base im McMurdo Sound. Von Christchurch aus starten zudem häufig Expeditionen und Kreuzfahrten ins ewige Eis, unter dem enorme Bodenschätze vermutet werden.

Von dem unwirtlichen Klima fast 35 Breitengrade südlich merkt man nichts in Christchurch. Durch die City schlängelt sich der von gepflegten Grünanlagen gesäumte Avon, auf dem im Sommer Gondeln wie in Venedig entlanggleiten. Etwas außerhalb liegen an der Nehrung bei New Brighton die Sandstrände, und südlich ziehen sich hübsche Vororte die Hänge hinauf. Ein Schmuckstück ist das Nobelviertel Cashmere, durch das eine wunderschöne Rundfahrt über die Summit Road führt. Man passiert den Evans Pass, wo eine Gedenktafel an die Einwanderer erinnert, die hier den steilen Aufstieg bewältigten.

Von der Anhöhe fällt die Dunstglocke besonders ins Auge, die bei Inversionswetterlagen im Winter über der Stadt liegt. Smog, verursacht durch unzählige qualmende Kamine in den Einfamilienhäusern, ist in Christchurch seit langem ein ernsthaftes Problem. In neuerbauten Häusern sind Kamine seit Ende der

Der Leuchtturm markiert die Hafeneinfahrt von Akaroa

Idyllisch schmiegt sich Akaroa an die Bucht

Französische Siedler bauten die Kirche in Akaroa

Im Hafen von Lyttelton gingen die ersten Siedler an Land

Die Chance genutzt: Jugendliche in Akarora

Seeleute in Lyttelton

Französische Siedler ließen sich im Jahr 1840 in Akaroa nieder, ohne zu wissen, daß Neuseeland längst in britischer Hand war. Lange hielten sie sich nicht auf, doch ihre Spuren sind in dem Städtchen noch zu finden.
Zehn Jahre später landete eine Gruppe britischer Siedler in Lyttelton und gründete zwei Tagesmärsche entfernt Christchurch. Heute ist Lyttelton einer der wichtigsten Häfen Neuseelands.

siebziger Jahren zwar verboten, doch aus den alten, mit Kohle beheizten Wohnungen qualmt es weiter.
Ein Stück hinter dem Evans Pass zweigt eine Straße nach Lyttelton ab, dem bedeutendsten Hafen der Südinsel. Das Städtchen lohnt einen Abstecher, denn abseits der Hafeneinrichtungen ist es recht ansehnlich. Die Timeball Station sagt den Seeleuten im Hafen seit 1876 mit einem Schlag exakt um 13 Uhr die Zeit an.
Kleine Boote bringen Ausflügler nach Ripapa Island. Die Mini-Insel in der Hafenbucht war während des Ersten Weltkriegs zeitweise das einsame Gefangenenlager des als »Seeteufel« legendär gewordenen Grafen Felix von Luckner. Der deutsche Feind wurde den auf englischer Seite kämpfenden Neuseeländern fast ein guter Freund, nachdem er durch einen cleveren Trick von der Insel fliehen konnte, später aber wieder gefaßt wurde.
Heute sind die Port Hills untertunnelt, und Schiene und Straßen verbinden Lyttelton mit Christchurch. Bevor die Tunnel gebaut wurden, mußten im Hafen angelieferte Güter auf Booten aus der Bucht heraus und die Küste entlang nach Ferrymead geschifft werden. Das gefährliche Manöver kostete viele Menschenleben, weil die Boote immer wieder in der starken Strömung kenterten.

Ein Stück Frankreich am anderen Ende des Globus

Ein Stückchen Frankreich am anderen Ende des Globus ist die vorgelagerte Banks Peninsula. Im Jahr 1840 riefen französische Seeleute hier ihre Kolonie aus, ohne zu wissen, daß nur ein paar Monate zuvor die Engländer und Maori den Vertrag von Waitangi geschlossen hatten und schon überall der Union Jack wehte. Ein wenig Savoir-vivre haftet der Halbinsel noch an. Vor allem im schmucken Küstenort Akaroa hinterließen die Franzosen ihre Spuren: Das hübsch dekorierte Langlois-Eteveneaux-House an der Rue Balguerie, in Frankreich gefertigt und nach Akaroa transportiert, gehört zum Heimatmuseum und kann besichtigt werden.
Greifbar nah erscheinen die Southern Alps bei klarem Wetter, doch von Christchurch ist der Mount Cook über 300 Kilometer entfernt. Mehr als fünf Stunden Fahrtzeit benötigt man für die

Strecke über Fairlie, durch das MacKenzie Country und vorbei am Lake Tekapo. Die einsame Steinkapelle Church of the Good Shepherd an seinem Ufer erinnert seit 1935 an die Männer und Frauen, die in den Anfängen der Besiedlung den heftigen Schneestürmen und anderen Unbilden des Wetters in dieser Region standhielten. Gleich nebenan ist eine Statue den Schäferhunden gewidmet, die es erst möglich machten, in dieser Gegend Schafzucht zu betreiben.

Für den Namen MacKenzie Country stand ein Volksheld der Neuseeländer Pate, der aus Schottland eingewanderte Schafdieb James MacKenzie. Mit Hilfe seines cleveren Hundes Friday soll er den reichen Schaffarmern rund tausend Tiere gestohlen und diese im Gebirge versteckt haben. MacKenzie landete im Gefängnis und versuchte dreimal auszubrechen – zweimal mit Erfolg. Die Neuseeländer schätzen diesen Sportsgeist noch immer.

Auf den Lake Tekapo folgt der Lake Pukaki, dessen fast 60 Kilometer lange Uferstraße direkt zum Touristenort Mount Cook führt. Reisende halten sich meist nur kurz dort auf, um einmal den Gipfel des Mount Cook zu sehen – wenn nicht vom Boden aus, weil meist Wolken die Bergspitze verhüllen, dann wenigstens aus der Luft. Bei aller Mount Cook-Euphorie kann sich jeder, der ihn

Bei Kaikoura: Riß in der Erde

Stets von Schnee bedeckt: Der Mount Cook ist Neuseelands höchster Berg

Robbenkolonie

Die Delphine warten schon …

Die junge Geologie Neuseelands zeigt sich nicht nur bei den heißen Quellen von Rotorua auf der Nordinsel, sondern auch an der Küste bei Kaikoura. Bewegungen der Schelfplatten ließen die Felsen dort aufreißen und sorgen immer wieder für heftige Erdbeben.

Die Felsenküste bei Kaikoura ist ein beliebtes Tauchrevier

nie gesehen hat, durchaus trösten: Neuseelands höchster Berg ist nicht jeden Umweg und Aufpreis wert.
Schon eher die Moeraki Boulders am Highway 1 zwischen Dunedin und Timaru: Wie riesige Bälle liegen die durch Erosion geformten Mammut-Steine auf dem Strand. Handliche Steinkugeln ließen eifrige Souvenirsammler längst mitgehen, doch bei den verbliebenen versagen auch Gewichtheber.
Wintersportler aus dem smoggeplagten Christchurch fliehen am Wochenende nach Methven, um auf den Pisten des Mount Hutt wieder klare Luft zu schnappen. Oder sie fahren zu den Hanmer Springs im Norden der Canterbury-Region.

Schon die Maori schätzten die heißen Hanmer Springs

Die heißen Quellen lernten schon die Maori nach langen Fußmärschen von der Westküste über die Southern Alps zu schätzen. Rund 1000 Einwohner zählt der beschauliche Badeort inmitten ausgedehnter Wälder, und einige respektable, wenn auch etwas vernachlässigte Gebäude erinnern an vergangene Zeiten, als sich nur die oberste Gesellschaftsschicht hier den Luxus eines Kuraufenthaltes leisten konnte. Doch Hanmer Springs kann von Nostalgie allein nicht existieren. Ein erster Schritt, den Badeort auch für junge Leute attraktiv zu machen, war die Umgestaltung der Pools in eine Badelandschaft.
Vorbei an den Quellen führt der Highway 7 von der Ost- zur Westküste über den 864 Meter hohen Lewis Pass, den die Maori bereits auf dem Weg zu den Greenstone-Vorkommen im Westen überquerten.
Auf dem Weg die Ostküste entlang bietet das Örtchen Kaikoura eine der seltenen Gelegenheiten, Delphine und Pottwale aus der Nähe zu beobachten. Wenn die gewaltigen Meeressäuger zwischen Mai und Juli sowie von November bis Januar nur einen Kilometer vor der Küste kreuzen, hängen ihnen die Schlauchboote mit Naturfreunden meist dicht an der Schwanzflosse.
Kleinere Meerestiere kommen in dem Fischerort ganz frisch und recht preiswert auf den Tisch: Crayfish, Langusten. Verkauft wird das edle, gekochte Krustentier stillos in Bretterbuden oder Imbissen, verpackt in Zeitungspapier.

Hinter dem Lake Pukaki erhebt sich der Mount Cook

Christchurch, Banks Peninsula

Karte: Planquadrat I 4.
Größte Stadt der Südinsel mit rund 300 000 Einwohnern.
Anreise: Per Zug mit dem TranzAlpine (täglich von Greymouth), dem Southerner (täglich von Dunedin und Invercargill) und dem Coastal Pacific (täglich von Picton) oder dem Bus. Von Neuseelands zweitwichtigstem Flughafen aus gibt es internationale Verbindungen nach Australien und Asien und von dort weiter nach Europa.
Unterkunft: Breite Auswahl unterschiedlicher Preiskategorien. Für Backpacker ist ein Haus mitten im Zentrum besonders interessant (50 Cathedral Square). Ein hübscher Campingplatz befindet sich im Meadow Park. Das zentral gelegene Parkroyal (Kilmore/Ecke Durham Street) ist auch abendlicher Treffpunkt der örtlichen Bevölkerung.
Ausgehen: Christchurch hat eine Anzahl guter Restaurants, beispielsweise das Bardelli's (98 Cashel Street) und Pedro's (143 Worcester Street). Das Dux de Lux im Arts Centre ist nachmittags und abends Treff von jungen Leuten, auch zum Dinner. Gute Stimmung herrscht meist in der Plains Brewery (39 Dundas Street).
Sehenswürdigkeiten: Der »Wizard« tritt meist werktags gegen 13 Uhr auf dem Cathedral Square auf – im Sommer in Weiß, im Winter in Schwarz gekleidet. Das Canterbury Museum (Rolleston Avenue, täglich 10 bis 16.30) befindet sich gleich neben dem Christ's College. Die Antarktis-Ausstellung wird im International Antarctic Centre präsentiert, ein paar Minuten vom Flughafen entfernt (Orchard Road, täglich 9.30 bis 20.30 Uhr, zwischen April und September 9.30 bis 17.30 Uhr).
Die Stadt läßt sich gut per Fahrrad erkunden (Rent-a-Bike, 86 Worcester Street). Eine Gondel überquert das Flüßchen Avon (Startpunkt an der Visitor Information), das auch durch den sehenswerten Botanischen Garten fließt (Vermietung von Ruderbooten täglich 9 bis 16.30 Uhr, Antigua Boatsheds, 2 Cambridge Terrace).
Einkaufen: Im Arts Centre (zwischen Worcester Street und Hereford Street sowie Rolleston Avenue) laden originelle Geschäfte zum Kauf von Kunsthandwerk und Kleidung ein. Die »neue Weltkarte« des »Wizard« (Neuseeland und Australien sind nicht mehr »down under« sondern »obenauf«) gibt es in Reuben's Café, 92 Worcester Street am Cathedral Square.
Ausflüge: Eine schöne Rundtour mit herrlichen Ausblicken auf die Canterbury-Ebene führt durch den Stadtteil Cashmere über die Summit Road (Port Hills) in den Küstenort Sumner mit feinem Sandstrand. Im nahen Ferrymead Historic Park (269 Bridle Path Road, täglich 10 bis 16.30 Uhr) fahren alte Züge und Straßenbahnen.
Von Sumner aus ist es nur ein kurzer Abstecher zum Hafen Lyttelton. Ripapa Island ist meist an Wochenenden zu besichtigen (Auskunft unter Tel. 03/3 28 83 68). Eine gute Aussicht auf Christchurch genießt man von der Mount Cavendish Gondola (an der Einfahrt zum Straßentunnel nach Lyttelton, täglich ab 8 Uhr bis spät in die Nacht).
Auf der Banks Peninsula in Akaroa befindet sich das Langlois-Eteveneaux House and Museum an der Rue Lavaud/Ecke Rue Balguerie (täglich 10.30 bis 16.30 Uhr, an Wochenenden 13.30 bis 16.30 Uhr). Es wurde per Schiff von Frankreich nach Neuseeland gebracht.
Ausgezeichnete Wintersportmöglichkeiten ermöglicht eineinhalb Fahrtstunden entfernt bei Methven das Skigebiet des Mount Hutt.
In Hanmer Springs haben die Thermalquellen täglich von 10 bis 21 Uhr geöffnet. Interessant ist eine Tour ab Hanmer Springs mit dem Jeep zu einer Hochlandfarm (Molesworth/St. Helen's). Eine charmante Unterkunft, die viel Patina angesetzt hat, ist The Lodge Hotel im Ortszentrum (Telefon 03/3 15 70 21). Die Visitor Information gibt Tips für das Umland (Telefon 03/3 15 73 23).
Information: Canterbury Information, Christchurch, Worcester Street/Ecke Oxford Terrace, Mo bis Fr 8.30 bis 17 Uhr, an Wochenenden 9 bis 16 Uhr, Tel. 03/3 79 96 29.

REISE-INFO
CHRISTCHURCH, KAIKOURA

Straßenbahn im Ferrymead-Transportmuseum

Mount Cook, Lake Tekapo

Karte: Planquadrat H 4, 5.
Ferienregion im Zentrum der Südinsel. Die Siedlung Mount Cook am Fuß des Berges besteht nur aus Hotels und ein paar Hütten.
Anreise: Mit dem Flugzeug (Mount Cook Airlines) oder dem Bus.
Unterkunft: In Mount Cook geringe Auswahl zu ziemlich hohen Preisen. Eine Jugendherberge (Telefon 03/4 35 18 20) und in der Nähe das Luxushotel The Hermitage (Telefon 03/4 35 18 09). Am Lake Tekapo ist das Motel Alpine Inn (am Highway, Tel. 03/6 80 68 48) eine gute Unterkunft.
Ausflüge: Heli-Skiing auf dem Tasman Glacier bieten Alpine Guides an (Tel. 03/4 35 18 34). Rundflüge über die Alpenkette sind vom Lake Tekapo aus meist preiswerter. Der Bergführer Gottlieb Braun-Elwert organisiert Ski- und Wandertouren im Lake Tekapo-Gebiet (Alpine Recreation, Tel. 03/6 80 67 36).
Informationen: Visitor Information, Mount Cook, Bowen Drive, Tel. 03/4 35 18 19, täglich von 9 bis 18 Uhr.

Kaikoura

Karte: Planquadrat K3.
Städtchen an einer reizvollen Bucht mit 2200 Einwohnern.
Ausflüge: Wal- und Delphinbeobachtung am besten zwischen Oktober und April (Kaikoura Tours, Telefon 03/3 19 50 45). Eine Reservierung wird empfohlen.
Unterkunft: Wenig Angebot an Hotels. Camper und Backpacker haben etwas mehr Auswahl.
Information: The Esplanade, Tel. 03/3 19 56 41, Mo bis Fr 9 bis 16 Uhr.

In einem alten Steinhaus bei Christchurch wurde das Restaurant Sign of the Takahe eingerichtet

Lyttelton ist heute bedeutender Ausfuhrhafen

Beliebtes Ausflugsziel von Christchurch ist das Örtchen Sumner

Bequem mit der Rikscha durch Christchurch

Nachdem der neuseeländische Fremdenverkehr zur Antarktis wegen eines schweren Flugzeugunglücks längere Zeit ruhte, starten im Sommer jetzt wieder Passagierflugzeuge in Christchurch mit südlichem Kurs und bringen Reisende in die Ross Dependency, das neuseeländische »Kuchenstück« der Antarktis. Neuseeländische Wissenschaftler betreiben dort Forschung, unter anderem am Ozonloch, das das Leben in ihrem Land zunehmend bedroht.

Das International Antarctic Centre bringt den kalten Kontinent näher

Frühe Einwanderer aus Polynesien

Maori

Beim Haka, dem Kriegstanz, können die dunkelhäutigen, kräftigen Maori-Krieger einen das Fürchten lehren: Wütend stampfen sie mit den nackten Füßen auf den Boden, fuchteln wild mit ihren Speeren, rollen die aufgerissenen Augen und strecken die Zunge zur Begrüßung weit hinaus. Heute gehört die kriegerische Tanz-Pantomime zum Standard-Repertoire der Maori-Folkloregruppen, die insbesondere im Raum Rotorua vor Touristen auftreten. Authentische Darbietungen, meist melodiöse Lieder und weiche, wiegende Tanzbewegungen, wie sie auch für die Südsee typisch sind, bekommt man im Whaka (Whakarewarewa)-Kunst- und Kulturzentrum geboten, wo in der großen Holzwerkstatt junge Schnitzer in der Kunst der traditionellen Motive und Ornamente geschult werden. Touristen können durch ein bewohntes Maori-Dorf schlendern, das allerdings eher den Charakter eines Freilichtmuseums trägt.

Natürlich gehört auch ein Marae dazu, das Versammlungsgelände mit einem spitzgiebeligen Haus, in dem sich die Dorfbewohner zu gemeinsamen Gesprächen und Feierlichkeiten treffen. Das Marae ist im Bau dem menschlichen Körper, in der Regel einem bedeutenden Ahnen, nachempfunden, mit den Giebelbalken als Arme, dem Dachfirst als Rückgrat und allen Organen im Innern. Nur eine Fensteröffnung neben der Tür läßt etwas Tageslicht in den großen, schummerigen Innenraum, in dem geschnitzte Holzfratzen von den Wänden grinsen. Es ist streng verboten, das Marae mit Schuhen zu betreten.

Keiner weiß, wo genau das Maori-Volk herkommt. Wahrscheinlich hat es vor mehr als 1000 Jahren seinen Lebensraum in der polynesischen Inselwelt verlassen und in Holzkanus die gefährliche Überquerung des Meeres gewagt auf der Suche nach neuem Land.

Schon rund 300 Jahre vor den Maori hatten andere Menschen aus dem östlichen Polynesien die beiden Inseln besiedelt. Sie sind unter dem Namen Moa-Jäger bekannt, der auf den ausgestorbenen Laufvogel Moa zurückgeht. Diese ersten Siedler wurden von den nachfolgenden Maori versklavt oder vertrieben, manche heirateten auch in deren Familien ein.

Der Maori-Mythologie zufolge heißt die legendäre Urheimat Hawaiki, und unter ihrem wagemutigen Anführer Kupe fand das Volk den Weg nach Aotearoa, dem »Land der langen weißen Wolke«, wie die Maori Neuseeland nennen. Ihre simpel, aber genial konstruierten, hochseetauglichen Kanus machten die weite Reise erst möglich.

In Neuseeland fanden die Polynesier dank der üppigen Vegetation genügend Früchte, in den Seen und vor der Küste unzählige Fische, Muscheln und Krustentiere und im Landesinnern reiche Jagdgründe vor. Zu oft trafen ihre Speere auch die Moas, die schnell ausgerottet waren. Die Maori betrieben zudem Ackerbau bei ihren Dörfern oder Pas, wie die mit hölzernen Palisaden vor feindlichen Stämmen geschützten Siedlungen hießen.

Die Maori lebten in einem komplizierten Gesellschaftssystem, dessen unterste Einheit die Großfamilie mit dem Ältesten als Oberhaupt war. Mehrere Familien bildeten sogenannte Hapu, Unterstämme, die einen Teil des Stammesterritoriums kontrollierten und es gegen Feinde verteidigten. Oberste Einheit waren die etwa 40 Stämme, die zum großen Teil auf der Nordinsel lebten.

Alter Maori in Ngaruwahia

Neben dieser vertikalen Gliederung gab es eine horizontale. Die oberste soziale Schicht bildeten recht wenige Aristokraten (Rangatira), darunter lag die breite Masse der Gewöhnlichen, und am untersten Ende standen die Sklaven, bei denen es sich meistens um Kriegsgefangene handelte. Diese Menschen wurden als arbeitendes Eigentum gesehen, zu besonderen Anlässen geopfert und als ritueller Akt auch gegessen.

Eine zentrale Rolle im Leben der Maori nahm die Kunst ein. Messerscharfe Speerspitzen, vor allem aber Schmuckstücke und Götterfiguren schliffen die Maori aus dem harten Greenstone, einem jadeähnlichen Halbedelstein, der heute noch in großen Blöcken an der Westküste der Südinsel vorkommt. Vor der Kälte schützten sie sich mit Umhängen, die als Kleidungsstücke der Häuptlinge auch Statussymbol waren, kunstvoll verziert mit Muscheln oder Federn. Zum Maori-Schmuck gehörte

Skulpturenschnitzer im Arts and Craft Institute von Rotorua

Das Maori-Marae (Versammlungshaus) in Waitangi

bei Männern und Frauen gleichermaßen die Tätowierung (Moko), bei der dunkler Farbstoff mittels spitzer Knochen in die Haut eingeritzt wurde, bei Männern auch ins Gesicht.
Die sehr schmerzhaften Gesichtstätowierungen hatten eine ästhetische Funktion und waren zudem ein Erkennungsmerkmal, an dem Status und Rang der Menschen abzulesen waren. Sitte war es auch, die Köpfe von verstorbenen Verwandten und getöteten Feinden zu mumifizieren – als Erinnerung und Stolz bei den einen und Demütigung bei den anderen. Einige dieser erhaltenen Köpfe sind neben vielen weiteren Stücken aus der Kultur der Maori im War Memorial Museum in Auckland ausgestellt.
Der weißen Invasion von eifrigen Siedlern waren die frühen Einwanderer nicht gewachsen: Eingeschleppte Krankheiten wie Grippe dezimierten die Stämme, und Unzählige wurden während der zahlreichen Landkriege

Skulptur in Whakarewarewa

im 19. Jahrhundert von gut bewaffneten englischen Soldaten getötet. Heute stellen die Maori nur noch rund neun Prozent der neuseeländischen Bevölkerung.
Als der staatsgründende Vertrag von Waitangi im Jahre 1840 unterzeichnet wurde, lebten in Neuseeland rund 100 000 Maori und nur knapp 2000 Weiße. Die wenigsten kamen gut miteinander aus, denn der Vertragstext erwies sich als Auslegungssache, und die Streitereien über die Landverteilung gipfelten immer wieder in Kriegen.
Denn während der Vertrag – er sicherte der britischen Königin die Regierungsgewalt und den Stämmen das ausschließliche Besitzrecht am Land zu, jedoch mit Vorkaufsrecht für die Briten – für die Maori ein rechtlich bindendes und spirituelles Dokument war, sahen die Weißen ihn als rechtlich belanglos an. Erst in den vergangenen zwei Jahrzehnten ist der Vertrag von Waitangi neu definiert worden und hat jetzt Rechtsgültigkeit – mit Folgen für die aktuellen Streitigkeiten um das Landrecht.
Vier Sitze im Parlament in Wellington stehen den Vertretern der Maori zur Verfügung. Vor einigen Jahren hat die Regierung zudem das Waitangi Tribunal eingerichtet, das sich für die Rechte des Volkes einsetzt, vor allen Dingen aber zweifelhafte Landkäufe der Vergangenheit untersucht und auch schon unrechtmäßig erworbene Ländereien an Maori-Stämme zurückgegeben hat; privaten Landbesitz gibt es nicht in der Stammesordnung.
Das Tribunal hat auch bewirkt, daß keine Abwässer mehr in Maori-Fischgründe gelangen und staatliche Ländereien in geringerem Maße als zuvor privatisiert werden.
Der neuseeländische Staat ist bemüht, begangenes Unrecht wiedergutzumachen und das neue Selbstbewußtsein der Maori, Maoritanga genannt, zu fördern. Die Maori-Sprache ist neben Englisch wieder offizielle Sprache, und in sogenannten Kohanga Reos (Sprachnestern) lernen Vorschulkinder, Maori zu sprechen. Es gibt eigene Fernseh- und Radioprogramme, die inzwischen von rund 70 000 Neuseeländern verstanden werden.
Viele Pakeha, wie die Weißen von den Maori genannt werden, tun sich aber auch heute noch schwer, mit ihren polynesischen Mitbürgern zu leben. Noch verfügen Maori in der Regel über eine schlechtere Schulausbildung, sind zudem häufiger von Arbeitslosigkeit betroffen, ihre Lebenserwartung ist niedriger als die der Weißen und die Kriminalitätsrate deutlich höher.

Hongi nennt sich die Begrüßung per Nase

Traditionell leben die Polynesier in engen familiären Banden und mehreren Generationen unter einem Dach, doch das Stadtleben zerstört die Großfamilie und führt gerade bei jungen Maori zum Verlust alter Werte und zur Vereinsamung, der sie dann in anderen sozialen Gruppierungen zu entkommen suchen. In den Großstädten gibt es mehrere Maori-Straßenbanden.
Der Tourismus ist auch für die Maori eine wichtige Einnahmequelle, besonders in Rotorua, einer Pflichtstation für jeden ausländischen Besucher. Daß hier die Folklore-Darbietungen in den großen Hotels arg den Charakter bunter Shows tragen und weniger um Ursprünglichkeit bemüht sind, ist ein negativer Nebeneffekt des Geschäfts mit dem Fremdenverkehr.

Allgemeine Reise-Informationen

Würde man von Frankreich aus ein Loch durch den Erdmittelpunkt graben, käme man – theoretisch – in Neuseeland an. Nord- und Südinsel sowie Stewart Island sind etwa so groß wie England, von der Nord- bis zur Südspitze beträgt die Entfernung rund 1700 Kilometer.
Die 3,4 Millionen Einwohner sind Mitglied des Commonwealth und bilden einen unabhängigen Staat mit parlamentarischer Regierungsform. Staatsoberhaupt ist Queen Elizabeth II.
Neuseeland – eine atomfreie Zone – bekommt im Südpazifik ein immer stärkeres politisches und wirtschaftliches Gewicht. Fast zwei Drittel der Exporte gehen in Länder der asiatisch-pazifischen Region, seitdem vor allem Großbritannien durch die EG-Mitgliedschaft seine Stellung als Markt für neuseeländische Produkte einbüßte.

Adressen

Touristik-Informationen erteilt in Deutschland, Österreich und der Schweiz das Fremdenverkehrsamt von Neuseeland, Friedrichstraße 10–12, Frankfurt/Main 1, Tel. 069/97 12 11-0. Geht es um das Thema Einwanderung, ist die Botschaft von Neuseeland in Bonn zuständig: Bonn Center/HI 902, 5300 Bonn, Tel. 02 28/ 22 80 70. Wirtschaftliche Angelegenheiten sind Sache des Neuseeländischen Generalkonsulats (Trade Development Board), Heimhuder Straße 56, 2000 Hamburg 13, Tel. 040/ 4 42 55 50.
Mehrere Vereine kümmern sich um Kontakte zwischen Deutschland und Neuseeland, beispielsweise der Australien-Neuseeland-Südpazifik-Verein, Neuer Jungfernstieg 21, 2000 Hamburg 36, Telefon 0 40/34 04 15, oder die Deutsch-Pazifische Gesellschaft, Feichtmayrstraße 25, 8000 München 50, Tel. 0 89/15 11 58.
Das Fremdenverkehrsamt von Neuseeland in Frankfurt verschickt auf Anfrage hervorragendes Material, so den »Reiseführer«, ein farbiges Reisemagazin, und den Reiseplaner (mit Veranstalter-Angeboten) sowie einen Kalender über special events (Veranstaltungen). Außerdem werden ein Hotelverzeichnis (Where to stay-Guide) und ein Führer mit Hinweisen für Behinderte angeboten.
In Neuseeland selbst gibt es ein dichtes Netz von über 60 Visitor Information Offices, die mit einem grünen i auf weißem Grund gekennzeichnet sind. In diesen Büros erhält man eine große Auswahl von Broschüren, die auf die jeweiligen Attraktionen in der Umgebung hinweisen. Für einige Prospekte (und Hintergrundinformationen) wird jedoch mittlerweile eine Gebühr verlangt.
Die Büros des Department of Conservation (DOC) in fast allen Städten geben ausgezeichnete Auskünfte, wenn es um die neuseeländischen Nationalparks, um Wanderwege und sonstiges Outdoor-Leben geht.

Anreise

Mehrmals täglich führt ab Deutschland ein Flug nach Neuseeland – entweder über Asien, Amerika oder Australien. Die einzigen Direktflüge ohne Umsteigen gehen samstags von Frankfurt über Los Angeles und mittwochs mit zusätzlichem Stop in Honolulu/Hawaii nach Auckland (Air New Zealand). Die reine Flugzeit beträgt etwa 24 Stunden, hinzu kommen rund eineinhalb Stunden im Transitraum des Los-Angeles-Flughafens (bei der One-Stop-Verbindung). Ankunft in Auckland ist meist frühmorgens. Vorteil dieser West-Route: Bis zu 64 Kilo Gepäck sind erlaubt (dazu kann auch ein Fahrrad gehören). Auf der Ost-Route über Asien/Australien liegt das Limit für Gepäck (Economy-Class) bei 20 Kilogramm.

Verkehrsregelung per handbedientem Schild

Singapore Airlines und Qantas bieten preiswerte Stop-over-Aufenthalte in asiatischen Metropolen wie Bangkok und Singapur an. Ein Flug über Australien nach Neuseeland ist wenig sinnvoll, er dauert zu lange (drei Stops). Über Singapur beträgt die reine Flugzeit von Frankfurt nach Christchurch nur 22 Stunden, dafür muß man mit einem stundenlangen Aufenthalt im (höchst komfortablen) Changi-Airport rechnen.
Beide Routen (Ost und West) lassen sich auf einem Ticket miteinander kombinieren. Während des Hin- und Rückflugs sind gegen einen geringen Aufpreis insgesamt fünf Stops erlaubt (z. B. Los Angeles, Tahiti, Cook Islands, Bali, Singapur). Eine außergewöhnliche Route führt mit Aerolineas Argentinas über Argentinien und die Antarktis.
Die Tarife liegen zwischen 2600 und knapp 4000 Mark für den Hin- und Rückflug, je nach Saison (Stand März 1993). Die Preise sollten gründlich verglichen werden. Amerikanische Gesellschaften (z. B. United oder Continental) sind meist preiswert, dafür muß man mindestens drei Zwischenstops einkalkulieren.

Einreise

Die Einreise ist problemlos: Der Reisepaß muß noch drei Monate über das Rückreisedatum hinaus gültig sein, meist wird ein Rückreiseticket verlangt, außerdem bisweilen ein Beleg, daß man über genügend finanzielle Mittel verfügt (etwa 1000 Mark pro Monat). Bei einem Aufenthalt bis zu drei Monaten ist kein Visum erforderlich, danach muß das formlose Visitor Permit verlängert werden (möglich um maximal neun Monate). Wer ein Jahr in Neuseeland bleiben will, sollte schon in Bonn ein entsprechendes Visum beantragen (Kostenpunkt 45 Mark). Auf keinen Fall verderbliche Lebensmittel mitnehmen; die Angst vor (Tier-)Seuchen ist »down-under« sehr ausgeprägt.

Wellingtons Flughafen dient fast nur dem nationalen Verkehr

Einkaufen

In den Städten sind die Geschäfte meist von 9 bis 18 Uhr geöffnet, samstags nur bis 14 Uhr, am Donnerstag oder Freitag oft bis 21 Uhr (late night shopping). Das neue Ladenschlußgesetz erlaubt seit kurzem flexiblere Öffnungszeiten. Supermärkte sind öfter bis Samstagabend, teilweise auch sonntags geöffnet. In den Dairies (kleine Lebensmittelläden) wird täglich bis spät in den Abend bedient. In den Zentren der Großstädte öffnen die Geschäfte auch sonntags, meist zwischen 10 und 16 Uhr.

Souvenirs kann man gut in Rotorua (Holzschnitzereien der Maori), Hokitika (Gold, Glas, Jade), Queenstown (modische Wollartikel) und Christchurch (Kunsthandwerk) kaufen. Meist ist die GST (Goods and Services Tax) in den Preisen enthalten.

Elektrische Geräte

Die Stromspannung beträgt 230 Volt und ist für mitteleuropäische Elektrogeräte geeignet. Weil in Neuseeland dreipolige Flachstecker üblich sind, ist der Kauf eines Adapters erforderlich (am besten schon in Deutschland).

Feiertage

Nationalfeiertag ist der 6. Februar (Waitangi Day). Weitere nationale Feiertage sind der 1. Januar, Karfreitag, Ostermontag, 25. April (ANZAC-Day, Gedenktag für die Kriegsopfer), der erste Montag im Juni (Geburtstagsfeier für die britische Queen), der vierte Montag im Oktober (Labour Day), der 25. Dezember (Weihnachten) und 26. Dezember (Boxing Day). An diesen Tagen sind Banken und Geschäfte geschlossen, die Freizeiteinrichtungen ziemlich voll.

Fotografieren

Filme sind in Neuseeland teuer. Die Entwicklung von Farbnegativfilmen ist fast überall innerhalb einer Stunde möglich, Diafilme (E-6 Process) werden in großen Labors (Auckland, Wellington, Christchurch) meist ebenfalls innerhalb von zwei Stunden entwickelt (etwa 12 NZ-Dollar pro Film). Sinnvoll sind Skylight- oder leichte Rotfilter für das Objektiv; bei starker Sonneneinstrahlung sollte man bei manuellen Kameras eine Blende unterbelichten.

Geld

Den Neuseeland-Dollar gibt es in Münzen und ab fünf Dollar in Scheinen (bis zur 100-Dollar-Note). Sinnvoll sind Reiseschecks (DM oder US-Dollar) sowie Kreditkarten, mit denen Mietwagen, Benzinrechnungen usw. bezahlt werden können. Verbreitet sind Visa und Mastercard (Eurocard) sowie American Express. EC-Karte und Schecks sind in Neuseeland nicht zu gebrauchen. Eine neuseeländische Bank mit einer Filiale in Frankfurt ist die ANZ. Ein Neuseeland-Dollar kostet etwa 0,85 DM (Stand Frühjahr 1993).

Gesundheit

Die medizinische Versorgung in Neuseeland hat mitteleuropäisches Format. Schutzimpfungen werden bei der Einreise nicht verlangt. Wichtig ist eine zusätzliche Reisekranken-/Unfallversicherung. Arzt- und Krankenhauskosten müssen in Neuseeland bezahlt werden. Die Accident compensation sieht eine kostenlose Erstbehandlung bei Unfallfolgen vor. Das gilt auch für Touristen und ungeachtet der Schuldfrage.

Vorsichtig sollte man seit einiger Zeit beim Umgang mit Wasser aus Bächen, Flüssen und Seen sein. Der Parasit Giardia, verbreitet durch menschlichen und tierischen Kot, hat mehr als die Hälfte der neuseeländischen Gewässer (vor allem in Nationalparks) befallen und wird beim Trinken aufgenommen. Nach etwa drei Wochen treten Magenkrämpfe, starke Blähungen und Durchfall, Übelkeit und Gewichtsverlust auf, die unter Umständen ärztliche Behandlung notwendig machen. Wasser aus der Natur sollte nur in abgekochtem

Züge verbinden die wichtigen Städte des Landes

Zustand (mindestens drei Minuten) oder gefiltert (Giardia rated filters) getrunken werden. Leitungswasser ist davon nicht betroffen.

Jet Lag

Die Mediziner nennen diese Erscheinung »Störungen des internen Rhythmus«. Nach Ankunft in Neuseeland ist man ziemlich müde und abgespannt, was jeden Menschen unterschiedlich schwer trifft. Als Faustregel gilt: Der Körper benötigt 24 Stunden, um sich auf zwei Stunden Zeitverschiebung einzustellen. Man kann die Auswirkungen lindern, indem man während des Fluges wenig eiweißreiche Nahrung und wenig Alkohol zu sich nimmt und nach der Ankunft auf leichte, kohlehydratreiche Kost umsteigt, sich jedoch von Beginn an den neuen Tagesrhythmus anpaßt.

Klima und Kleidung

Der Himmel über Neuseeland ist fast nie wolkenlos. Das registrierten schon die ersten polynesischen Einwanderer, die Maori, als sie das Land Aotearoa, »Land der langen weißen Wolke«, nannten. Eine regendichte Jacke, ein warmer Pullover und feste Schuhe gehören zu jeder Jahreszeit ins Gepäck.
Meist ist es windig (aus westlichen Richtungen), auch im Hochsommer. Ende Dezember bis Mitte Februar kann es in allen Gebieten bisweilen recht frisch sein. Wettervorhersagen sind meist schwierig zu treffen, aber allgemein gelten der März und April (Herbst) als wetterstabil.
Durchschnittlich fallen 700 bis 1500 Millimeter Regen pro Monat – eine ideale Menge für alles Pflanzenwachstum. Im subtropischen Norden (Auckland, Coromandel, Bay of Islands) sinken die Tagesdurchschnittstemperaturen auch im winterlichen August selten unter zwölf Grad, während in Christchurch noch nicht einmal fünf Grad erreicht werden. Weiter Richtung Süden wird es noch kälter.
Wintersport ist in den Alpen (Südinsel) und im Tongariro National Park (Nordinsel) zwischen Mitte Juli und Mitte September möglich. Die Schneefallgrenze liegt selten unter 1000 Metern. Die Sommertemperaturen zwischen Christchurch und Auckland sind ziemlich gleich (Tagesdurchschnitt etwa 23 bis 25 Grad).
Eine Wettervorhersage kann man sich unter der Telefonnummer 09 00 (und dann dem Code für die entsprechende Region, beispielsweise Northland 99 95, Christchurch 9 99 33) geben lassen, die Ansage kostet 99 Cent.
Neuseeländer kleiden sich meist leger, kurze Hosen und Kniestrümpfe gelten selbst im Dienst als chic. Es gibt so gut wie keine Kleidervorschriften.

Küche

Die Küche Neuseelands ist inzwischen besser als ihr Ruf, der noch aus Tagen stammt, als Steaks nur dann gut schmeckten, wenn sie über den Tellerrand hingen und keine rötliche Fleischfaser mehr in sich hatten. Einwanderer aus allen Teilen der Welt haben die Speisekarten bereichert. Ob italienisch, spanisch, chinesisch, japanisch, französisch oder deutsch, jede Küche ist vertreten, wenigstens in den Großstädten. Clever, wie die Neuseeländer sind, haben sich viele Kiwi-Köche das Beste der ausländischen Kochkunst angeeignet und mit althergebrachten Rezepten vermengt. Ihr Vorteil: die hervorragende Qualität heimischer Grundnahrungsmittel, egal ob Gemüse, Obst, frischer Fisch oder Fleisch.
Fleischlieferant Nummer eins ist das Lamm, aber immer mehr Hirsche und Rehe, auf Farmen hinter Zäunen gehalten, bringen die Neuseeländer auf den Wildgeschmack, der indes deutlich milder ist als bei freilebenden Tieren.
Was den Deutschen der Nachmittags-Kaffee ist den Neuseeländern der Devonshire Tea. Allerdings nicht mit voluminöser Torte, sondern mit Scones, einfachem Mürbeteiggebäck, das mit Marmelade und Sahne serviert wird. Als berühmte Nachspeise wird die Pavlova serviert, benannt nach der gleichnamigen russischen Ballett-Tänzerin, die in den zwanziger Jahren Neuseeland besuchte: Es handelt sich um eine Baisertorte mit Sahne und Beeren.
Die (schwere) polynesische Küche spielt in Neuseeland kaum eine Rolle in der Gastronomie, manche Produkte allerdings schon, wie zum Beispiel die Süßkartoffel (Kumara). Wer essen will, was bei Maori traditionell auf den Tisch kommt, der muß an einem Hangi teilnehmen, beispielsweise in Rotorua. Neben Tanz und Musik werden Speisen aus dem Erdofen geboten: ein spinatähnliches Gemüse, Fleisch und Geflügel.
Obwohl die englische Kolonialherrschaft der Vergangenheit angehört, ist das Frühstück der Neuseeländer noch sehr englisch: Toast, Bratkartoffeln, Eier, Speck, Würstchen, Steak oder Fisch – eine gute Grundlage für den Tag.
Viele Take-aways bieten preiswerte Rolls, Pies, Sandwiches und Fish 'n' Chips zum Mitnehmen an. Man unterscheidet in Neuseeland zwischen byo-Restaurant (bring your own – man kauft seinen Alkohol vor dem Dinner in einem Laden) und lizenzierten Restaurants (mit Alkohollizenz). Für ein gutes Hauptgericht zahlt man zwischen 13 und 23 NZ-Dollar. Über die besten Restaurants informiert Michael Guy in seinem ausgezeichneten Buch »Eating out«, erhältlich in Buchhandlungen.

Literatur

Eine umfangreiche Liste neuseeländischer Reiseliteratur (in deutscher Spra-

Achtung, Ozonloch: Wer länger im Freien ist, trägt Hut

che) befindet sich im »Reiseführer« des Fremdenverkehrsamts von Neuseeland. Das ausführlichste Reisebuch ist von Diana und Jeremy Pope (jeweils Nord- und Südinsel, in englischer Sprache). In den gut sortierten neuseeländischen Buchhandlungen findet sich außerdem eine große Auswahl von Reiseliteratur (auch für Fahrrad- und Rucksack-Touristen).

Literatur aus Neuseeland in deutscher Sprache ist rar. Eine Ausnahme bilden die gesammelten Werke von Katherine Mansfield und Einzeltitel von Keri Hulme (z. B. »Unter dem Tagmond«). Beide wurden beim Fischer-Verlag, Frankfurt, verlegt.

Maße, Gewichte

In Neuseeland rechnet man nach dem metrischen System. Die Konfektionsgrößen entsprechen den englischen Angaben (10 in Neuseeland entspricht unserer Größe 36 für Damenbekleidung, 12 entspricht 38 usw.). Doch auch sonst muß bisweilen noch umgerechnet werden. Längenmaß: inch (2,54 Zentimeter), foot (30,48 Zentimeter), yard (91,44 Zentimeter), mile (1,61 Kilometer). Flüssigkeitsmaße: pint (0,56 Liter, z. B. eine Milchflasche), gallon (4,54 Liter). Gewichte: ounce, abgekürzt oz (28,3 Gramm), pound, abgekürzt lb (454 Gramm). Flächenmaß: acre (4047 Quadratmeter).

Medien

Die Neuseeländer sind lesebegeistert. Die Tageszeitungen beschäftigen sich jedoch mehr mit dem regionalen Umfeld als mit der großen weiten Welt. »The Press« (Christchurch) und »New Zealand Herald« (Auckland) sind überregionale Zeitungen, die in einigen anderen Städten erworben werden können. Interessante Hochglanz-Journale sind »North and South« (monatlich), die ebenso wie »Metro« (monatlich, mehr auf den Auckland-Zeitgeist zugeschnitten) Einblicke in die Lebensart der Neuseeländer geben. Eine hohe Auflage hat mit knapp 300 000 Exemplaren der »Listener«, eigentlich eine Programmzeitschrift, aber mit diversen Reportagen.

Konkurrenz machen sich öffentlich-rechtliches und privates Radio und TV. Seit einiger Zeit werden die Rufe nach der Privatisierung des öffentlich-rechtlichen Rundfunks immer lauter. Es gibt viele lokale und witzige Studentensender, außerdem ein Radioprogramm für Maori. Im Fernsehen ist der Stellenwert an Sendungen für Maori gering.

Nationalparks

Die neuseeländische Regierung hat die Natur in zwölf landschaftlich besonders wertvollen Gebieten unter Schutz gestellt. Darüber hinaus gibt es Forest Parks und drei Maritime Parks. Drei Regionen erklärte die Unesco außerdem zu World Heritage Areas, Erbe der Menschheit: den Westland-, Mount Cook und Fiordland National Park.

Verwaltet werden die Parks vom Department of Conservation (DOC). Die Nationalparks sind (von Nord nach Süd):

Urewera National Park: Das Schutzgebiet östlich von Rotorua beherbergt den größten heimischen Wald der Nordinsel. Charakteristisch ist der häufige und gleichmäßige Niederschlag. Durch den Park führen zwei Tracks. S. Kap. 4.
Information: DOC Eastern Region, Rotorua, Amohau Street, Telefon 07/34 79 17 90.

Tongariro National Park: Der älteste Park des Landes im Zentrum der Nordinsel südlich des Lake Taupo wird vor allem während der Skisaison im Winter gern besucht. Es gibt vielfältige Wandermöglichkeiten. S. Kap. 4.
Information: Ranger Station, Whakapapa Village, Tel. 07/8 92 37 29.

Die Westküste der Südinsel ist bekannt für ihre Jadearbeiten

Whanganui National Park: Im Jahr 1986 wurde dieses Gebiet entlang des Wanganui River als elfter Park gegründet. Über die Hälfte besteht aus Flachland-Waldgebieten. Der Wanganui-Fluß ist bei Kajakern beliebt. S. Kap. 5.
Information: DOC, Wanganui, Telefon 06/3 45 24 02.

Egmont National Park: Schutzgebiet um den Mount Taranaki (alias Mount Egmont) im Westen der Nordinsel. Wanderungen durch mehrere Vegetationszonen auf den 2518 Meter hohen Berg sind möglich. S. Kap. 5.
Information: DOC, Atkinson Building, Devon Street West, New Plymouth, Tel. 06/78 04 33.

Abel Tasman National Park: Der kleinste (22 000 Hektar) und lieblichste Park des Landes im Norden der Südinsel. Die durch Abholzung geschädigte Natur ist dort im Heilungsprozeß. Beliebt bei Wanderern und Kajakfahrern. S. Kap. 6.
Information: Park Headquarters, Nelson, Tel. 03/5 46 93 35.

Nelson Lakes National Park: Eine alpine Falte der Southern Alps bildet diesen Park. Die Seen Rotoroa und Rotoiti sind beliebte Ferienzentren, vor allem bei Anglern. Mehrere Wanderwege.
Information: Park Headquarters, View Road, St. Arnaud, Tel. 0 54/3 68 06.

Punakaiki (Paparoa) National Park: Die Pancake Rocks und die Paparoa Range sind die Hauptattraktionen dieses kleinen Schutzgebietes im Westen der Südinsel. Mehrere, überwiegend kurze Wanderwege. S. Kap. 6.

Information: DOC, Punakaiki, Main Road, Tel. 03/7218 93.

Arthur's Pass National Park: Das Schutzgebiet umfaßt die Region um den gleichnamigen Gebirgspaß, eine der wenigen Verbindungen von der Ost- zur Westküste der Südinsel. Mehrere Wanderwege erschließen den Nationalpark. S. Kap. 6.

Information: Arthur's Pass Visitor Centre, Arthur's Pass, Tel. 03/3 18 92 11.

Westland National Park: In dem Schutzgebiet an der West Coast liegen der Fox- und Franz Josef-Gletscher. Das Wetter ist dort sehr regnerisch, aber nie besonders kalt.

Besonders vielfältig ist hier die Vogelwelt: Man trifft auf Sittiche, Eulen, Bellbirds und mehrere Kiwi-Arten. Mehrere Wanderwege führen teilweise in alpine Regionen. S. Kap. 6.

Infomation: Visitor Centre, Franz Josef, Tel. 03/7 52 07 27 sowie eine Touristeninformation in Fox.

Mount Cook National Park: Der Park umgibt den mit 3764 Metern höchsten Berg Neuseelands. Daneben beherbergt das 170 000 Hektar große Schutzgebiet 14 weitere Dreitausender und den 29 Kilometer langen Tasman-Gletscher.

In mehreren Tagestouren läßt sich der Park auch ohne alpine Erfahrung erkunden. Wer eine längere Wanderung, beispielsweise über den Copland Pass, unternehmen will, benötigt neben der entsprechenden Ausrüstung auch Wissen über Gebirgstouren. S. Kap. 9.

Information: Visitor Information, Bowen Drive, Mount Cook, Tel. 03/4 35 18 19.

Mount Aspiring National Park: Alpines Schutzgebiet an der West Coast. Neun von zehn Pflanzen in diesem 1964 eröffneten Park sind ausschließlich in Neuseeland beheimatet. Das Gebiet wurde vor 15 000 Jahren durch Gletscher geformt.

Bekannte und beliebte Wanderwege sind der in den Ferien stark frequentierte Routeburn Track und der Rees-Dart Track, sie nehmen jeweils mehrere Tage in Anspruch. S. Kap. 6 und 7.

Information: DOC, Ardmore Street, Wanaka, Tel. 03/4 43 76 60.

Fiordland National Park: Der größte Nationalpark des Landes im Südwesten. Viele Gebiete dieses Schutzgebietes sind unberührt und nicht erforscht. Beliebte, mehrere Tage in Anspruch nehmende Wanderwege: Milford Track und Hollyford Track. S. Kap. 7.

Information: Visitor Centre, Te Anau Terrace, Tel. 03/2 49 79 21.

Wanderungen in der Wildnis bedürfen der Vorbereitung und guter Ausrüstung

Post, Telefon

Briefe und Postkarten nach Deutschland sind zehn bis 14 Tage unterwegs. Wegen ihrer bunten Motive sind die neuseeländischen Briefmarken auch für Nichtsammler sehr attraktiv.

Telefon-Ortsgespräche können, außer vom Münztelefon (20 Cent), kostenlos geführt werden. Recht schnell setzen sich Card-Telephones durch (Telefonkarten bekommt man beispielsweise in Dairies), mit denen man leicht nach Europa telefonieren kann (Vorwahl nach Deutschland: 00 49, die 0 der Ortskennzahl weglassen; Vorwahl von Deutschland nach Neuseeland: 00 64, ebenfalls die 0 der Ortskennzahl weglassen). Kostenlose Auskünfte erhält man unter 01 55. Die Auslandsauskunft hat die Nummer 01 72.

Sicherheit

Neuseeland gilt als sicheres Land, gleichwohl sollte man die gleichen Vorsichtsmaßnahmen wie zu Hause treffen. Das beliebte Trampen ist in Neuseeland nicht risikoloser als anderswo auf der Welt.

Wertgegenstände läßt man auch »downunder« nicht offen und unbeaufsichtigt im Auto liegen. Polizei und Feuerwehr können über die Notrufnummer 111 alarmiert werden. Wer zu einer mehrtägigen Wanderung aufbricht, sollte die Hinweise des Department of Conservation (DOC) beachten und sich in den Ranger-Büros ab- und auch wieder anmelden.

Sport

Wandern: Neuseeland ist ein Wanderparadies, ganz gleich, welchen Schwierigkeitsgrad man bevorzugt. Es gibt walks, die ohne große Anstrengungen zu begehen sind, tracks, die schon etwas mehr Kondition beanspruchen und routes, auf die man sich nur mit Führer begeben sollte. Das Department of Conservation vertreibt für jeden der zwölf Nationalparks ausgezeichnete Wanderkarten und Literatur. Der Milford Track (von Te Anau nach Milford) gehört zu den reizvollsten Wanderungen (Reservierung erforderlich), ebenso wie der Coastal Track im Abel Tasman National Park und der Routeburn Track von Glenorchy. Übernachtet wird im eigenen Zelt oder in einfachen Hütten.

Wassersport: Kein Ort in Neuseeland ist weiter als 120 Kilometer vom Meer entfernt. Man kann sich in der Bay of Islands ein Segelschiff mieten (300 bis 400 Mark pro Tag für ein Vier-Perso-

nen-Segelboot) oder nach versunkenen Schiffen tauchen. Besonders gute Tauchgründe sind Poor Knights Island (Northland) und Stewart Island. In den Marlborough Sounds (Port Gore) ist das 1986 gesunkene russische Kreuzfahrtschiff »Mikhail Lermontov« zu »besichtigen« (Auskünfte erteilt Diving Network, P.O. Box 38703, Auckland, Tel. 09/ 3 67 50 66).
Rafting und Jet-Boating gehören zu den rasanten Wassersportarten, für die sich der Shotover River und der Kawarau (bei Queenstown) sowie der Landsborough River besonders eignen. Beliebt sind Kajaktouren im Wildwasser und auf offener See. Bootsvermietung im Abel Tasman Park, Park Café.
Ausgangspunkte für das Hochseefischen sind Paihia (Bay of Islands) und Whitianga (Coromandel-Halbinsel). Angler finden fast überall hervorragende Bedingungen vor.

Wintersport: 223 Gipfel in Neuseeland sind höher als 2000 Meter, und über ein Dutzend kommerzielle Skihänge (sowie einige private Clubs mit eigenen Pisten und kleinen Schleppliften) gibt es derzeit. Alle Skipisten befinden sich oberhalb der Baumgrenze. Abfahrten bis ins Tal sind nicht möglich.
Hüttenatmosphäre wie beispielsweise in Österreich sucht man vergebens, dafür aber auch die Schlangen vor den Liften. Saison ist zwischen Juli und September. Skipässe für einen Tag kosten etwa 40 NZ-Dollar pro Person, 200 bis 400 Mark am Tag bezahlt man für das beliebte Heli-Skiing in den Alpen (Mount Cook und Queenstown).

Sprache

Neuseeland ist offiziell zweisprachig: Englisch und – seit einiger Zeit – Maori.

Die Hütte in Marahau ist eine gute Informationsbörse für Besucher des Abel Tasman National Parks

Regierungsstellen drucken Mitteilungen bereits in beiden Sprachen. Wer dem zunächst fremd klingenden neuseeländischen Englisch nicht so schnell folgen kann, sollte sein Gegenüber ruhig bitten, langsamer zu sprechen.

Trinkgeld

Trinkgelder zu geben, ist in Neuseeland nicht üblich und wird nicht erwartet. Der Service ist im Preis inbegriffen.

Unterkunft

Das Angebot ist groß. In letzter Zeit profitieren vor allem Rucksackreisende von der wirtschaftlichen Krise des Landes: Vielen Motels fehlt das Geld für aufwendige Renovierungen; so entstehen Backpacker-Unterkünfte, die zweckmäßig ausgestattet und sauber sind. Mehrere Verzeichnisse weisen auf Unterkünfte hin (z. B. Jason's und der »Where to stay«-Guide des neuseeländischen Fremdenverkehrsamts). Reservierungen sind im allgemeinen nicht notwendig. Im Januar kann es wegen der neuseeländischen und australischen Sommerferien allerdings zu Engpässen kommen. Interessant sind Motelgutscheine (beispielsweise Mitchell Corp, Best Western oder Flag), die für durchschnittlich 75 NZ-Dollar (pro Übernachtung, mittlerer Standard) in Deutschland über Spezialveranstalter verkauft werden.

Bed and Breakfast, Pub Hotels: B & B ist noch nicht sehr verbreitet in Neuseeland, doch die Zahl der Familienunternehmen steigt. Anfang der neunziger Jahre schlossen sich auch die Pub Hotels zu einer Kette zusammen. Die Zimmer sind einfach (50 bis 60 NZ-Dollar für zwei Personen), aber die oft urige Kneipe ist immer dicht dabei. Eine Broschüre gibt es beim neuseeländischen Fremdenverkehrsamt.

Campingplätze (Tourist Flats and Cabins): Meist liegen die Campingplätze an den schönsten Fleckchen, sind sauber und großzügig und kosten durchschnittlich 16 NZ-Dollar (zwei Personen, ein Wohnmobil). Viele der Plätze bieten auch Tourist Flats und Cabins an, einfache Hütten, die bisweilen auch über einen eigenen Sanitäranschluß oder sogar eine Küche verfügen (20 bis 30 NZ-Dollar pro Person): eine gute Alternative für Zelter, die von heftigen Regenfällen die Nase voll haben.
Das Department of Conservation betreut rund 200 Campingplätze mit wenig Luxus, aber viel Naturnähe (zwei bis neun NZ-Dollar pro Übernachtung). Eine Broschüre gibt es beim Fremdenverkehrsamt in Frankfurt.

Farmstays, Homestays: Auf knapp 400 Farmen in Neuseeland wird man als

Zelten in der Wildnis: Campingplatz im Abel Tasman National Park

Gast aufgenommen. Farmhouse and Country Home Holidays in Auckland (Tel. 09/410 82 80, Fax 09/410 83 80) bieten einen mit etwa 100 NZ-Dollar pro Person und Tag inkl. Frühstück und Abendessen verhältnismäßig teuren Paß an.

Internationale Hotels: Befinden sich nur in den großen Städten Auckland, Wellington, Christchurch und haben internationales Format (bei etwas niedrigeren Preisen). Regent, Sheraton und SPHC (Southern Pacific Hotel Corporation) stellen die besten Häuser.

Jugendherbergen, Backpacker Hostels: Die Jugendherbergen (keine Altersbeschränkung) haben in Neuseeland einen hohen Standard. Der Mitgliedsbeitrag kostet 30 NZ-Dollar (wenn man nicht schon Mitglied eines Jugendherbergsverbandes ist) und sorgt auch für Ermäßigung bei Transportmitteln. Erhältlich ist außerdem für 230 NZ-Dollar ein Paß, der für 20 Übernachtungen in Jugendherbergen gilt. Information beim Deutschen Jugendherbergswerk, Bismarckstraße 8, 4930 Detmold, Tel. 0 52 31/74 01-0 oder bei YHA, 36 Custom St., Auckland.
Doch die Konkurrenz schläft nicht: Private Backpacker Hostels erfreuen sich großer Beliebtheit. Unterkunft in Mehr- oder Zweibettzimmern zum Durchschnittspreis von etwa 14 NZ-Dollar pro Person. Ein Verzeichnis gibt es bei Kiwi Backpacker, P.O. Box 1247, Auckland, Telefon 09/3 77 70 49, Fax 09/3 78 65 04. Schlafsäcke sollten mitgebracht werden.

Lodges: Wer über das nötige Kleingeld verfügt und einen sportlichen Urlaub plant (Angeln, Jagen, Wandern), ist in den reizvoll gelegenen Lodges richtig aufgehoben. Zu den schönsten gehören die Huka Lodge (Taupo), Braemer Lodge (Hanmer Springs), Puka Park Lodge (Paunui Beach, Coromandel), Stewart Island Lodge (Stewart Island) und die Rotoroa Lodge (Nelson Lake District). Die Preise liegen zwischen 150 und 600 NZ-Dollar pro Person/Tag (Vollpension).

Motels: Meist mit Parkplatz vor dem großen Zimmer, in das man auch noch ein drittes oder viertes Bett stellen kann (Aufpreis pro Person etwa 15 NZ-Dollar). Nicht selten verfügen die Zimmer auch über Kochgelegenheiten. Durchschnittspreis für zwei Personen: 80 bis 90 NZ-Dollar pro Raum.

Veranstaltungen

Jedes Dorf hat sein Fest oder irgendeine Wohltätigkeitsveranstaltung, die meist auf dem Rasen vor dem kleinen Heimat-Museum stattfindet. Interessant sind auch die A & P-Shows (Agricultural and Pastoral Shows), lokale Agrarmessen mit »Volksbelustigung«.

Nordinsel: Anfang März: Golden Shears, der berühmteste Schafschur-Wettbewerb Neuseelands in Masterton. Mitte März: Maori-Kanu Regatta in Ngaruawahia, dem Sitz der Maori Queen. Mitte Juni: National Agriculture Fielddays, die größte Landwirtschaftsschau in Hamilton. Ende Oktober, Anfang November: Taranaki Rhododendron Festival in New Plymouth.

Südinsel: Anfang Januar, urwüchsiges Pferderennen und Rodeo in Glenorchy (bei Queenstown). Anfang Februar: Marlborough Wine and Food Festival (Montana Wein, Brancott Estate, bei Blenheim) mit den besten Speisen und Getränken aus Neuseeland. Canterbury Show-Woche in Christchurch, eine sehr populäre Farm-Show.

Verkehrsmittel

Auto: Dank des geringen Verkehrs ist Autofahren am anderen Ende der Welt problemlos, obwohl Neuseeland pro Kopf der Bevölkerung die meisten Kfz-Zulassungen weltweit hat. Es wird links gefahren, die Straßen (ausgenommen die einziffrigen State-Highways) sind manchmal eng und sehr kurvig, aber mit Ausnahme der Nebenstraßen fast immer asphaltiert. Tagesetappen sollten großzügig geplant werden. Autobahnen existieren nur im Umkreis der Großstädte Auckland, Wellington, Christchurch und Dunedin.
Es gibt eine Liste von Straßen und Wegen, die für Mietwagen gesperrt sind (der Versicherungsschutz erlischt), beispielsweise der Highway 89 von Wanaka nach Queenstown über den Crown Range oder die Fahrt über den Ninety-Mile-Beach (Northland).
Wer Mitglied in einem deutschen Auto-Club ist, kann die Dienste der Automobile Association in Anspruch nehmen.
Mietwagenfirmen haben Niederlassungen in Auckland und Christchurch, weshalb keine zusätzlichen Kosten für die Einwegmiete fällig sind. Die internationalen Firmen sind meist beträchtlich teurer als kleine lokale Unternehmen. Einige Gesellschaften bieten an, den Wagen in Wellington abzugeben, um in Picton ein anderes Fahrzeug zu übernehmen. Das spart 120 NZ-Dollar und macht unabhängig von Fährreservierungen.
Für einen neuwertigen Mittelklassewagen (Automatikgetriebe) zahlt man zwischen 85 und 110 NZ-Dollar pro Tag einschließlich unbegrenzter Kilometer (Maui Econocar, Richard Pearse Dr., Mangere, Auckland, Telefon 09/2 75 30 13), ältere Modelle sind zehn bis 20 Prozent preiswerter (Ace Tourist Rentals, 51–53 Thastrand, Parnell, Auckland). Die Zeitung Kiwi-Backpacker (erhältlich in jeder Backpacker-Unterkunft) veröffentlicht Angebote.
Mieter müssen mindestens 21 Jahre alt sein. Ein internationaler Führerschein ist empfehlenswert, aber nicht unbedingt notwendig. Für einen Liter Benzin

Einmal volltanken bitte: Manche Strecken sind ohne Versorgungseinrichtungen

zahlt man etwa einen NZ-Dollar, Diesel liegt bei rund 75 Cent. Ein Autokauf lohnt sich erst ab einem Aufenthalt von mehr als zwei Monaten, denn der Verkauf unter Zeitdruck vor der Abreise kann schwierig sein.
Verkehrsregeln: Für alle Insassen (auch in Wohnmobilen) besteht Anschnallpflicht. Die Höchstgeschwindigkeit ist innerhalb von Ortschaften auf 50, außerhalb bei Hauptstraßen auf 100 bzw. 80 Stundenkilometer beschränkt. Auf mehrspurigen Motorways darf auch rechts überholt werden. Der Verkehr im Kreisverkehr hat Vorfahrt, es gilt auch in Neuseeland die Regel rechts vor links. Das Schild LSZ bedeutet: Limited Speed Zone: 50 Stundenkilometer dürfen bei schlechtem Wetter oder bei Kindern auf der Straße nicht überschritten werden.

Bus: Der Bus ist Neuseelands wichtigstes Transportmittel. Die Strecken auf der Nord- und Südinsel haben sich Mount Cook Landline, Newman's und InterCity weitgehend gerecht aufgeteilt und bedienen nach Fahrplan die meisten Städte. Tarifbeispiel: Die Strecke von Auckland nach Wellington kostet 87 NZ-Dollar. Preiswerter ist der Travel Pass von InterCity, der für Busse, Bahnen und die Fähre gilt (z. B. 22 Tage für etwa 500 NZ-Dollar). Backpacker-Busse fahren ebenfalls auf den Hauptrouten, beispielsweise von Nelson nach Queenstown entlang der West Coast, und sind preiswerter.

Fahrrad: Immer mehr Touristen schwingen sich in den Sattel und erkunden das Land per Fahrrad. Doch sie haben mit Tücken zu kämpfen: die engen, kurvenreichen und hügeligen Straßen, ungeübte Wohnmobilfahrer, die die Breite ihrer Fahrzeuge unterschätzen. Einige Veranstalter haben geführte Touren im Programm.

Flugzeug: Die inländischen Flugverbindungen (Air New Zealand Link, Ansett, Mount Cook Airlines und kleinere Regionalgesellschaften) sind ausgezeichnet, und Konkurrenzkampf sorgt dafür, daß die Preise nicht in den Himmel steigen. Air-Pässe und Flug-Coupons für ermäßigte Flüge müssen bereits in Deutschland gekauft werden. Im Angebot sind der Visit New Zealand Fare (20 Prozent Ermäßigung) und der Explore New Zealand Airpass (von drei Strecken-Coupons für 399 NZ-Dollar bis acht Strecken-Coupons für 920 NZ-Dollar), die nur über Air New Zealand verkauft werden (Friedrichstr. 10–12, 6000 Frankfurt 1, Tel. 0 69/ 97 14 03-0. Ansett (Tel. 0 69/ 28 89 54) bietet mit dem Discover Down Under Special Tarif Ermäßigungen von bis zu 50 Prozent. Mount Cook Airlines stellt den Kiwi Air Pass: Für 849 NZ-Dollar kann 30 Tage auf den Strecken der Airline geflogen werden, jede Strecke jedoch nur einmal hin und zurück. Der Flugpreis für die Strecke Auckland–Christchurch beträgt etwa 300 NZ-Dollar.

Viel Platz bleibt nicht: der Homer Tunnel auf der Milford Road

Schiff: Drei- bis viermal täglich verkehren zwischen Wellington und Picton Autofähren. Die Fahrten am Nachmittag (Ankunft in Picton gegen 19 Uhr) sind von den Lichtverhältnissen her die schönsten.
Für Fahrten zwischen Mitte Dezember und Mitte Februar sowie an Feiertagen sollte man schon im deutschen Reisebüro reservieren (gleichzeitig mit der Auto- oder Wohnmobilmiete, s. S. 58). Erwachsene zahlen etwa 40 NZ-Dollar für die einfache Fahrt, für Fahrzeuge kostet die Überfahrt bis zu 150 NZ-Dollar.

Wohnmobile: Eine der beliebtesten Urlaubsformen. Der Markt ist fest in der Hand von Leisure Port, einem Zusammenschluß von Maui, Newman's, Mount Cook Line Motorhomes, Horizon und Budget. Zwischen November und April liegen die Preise für einen Vier-Bett-Camper zwischen 180 und 205 NZ-Dollar pro Tag (alles inklusive). Wegen mangelhafter Isolierung sind die Fahrzeuge nur zwischen Anfang November und Ende April zu empfehlen. Die Übernachtung außerhalb von Campingplätzen in Wohnmobilen ist zwar erlaubt (wenn man den Platz sauber wieder verläßt), doch setzen die kleinen Frischwassertanks und der Kühlschrank (auf längere Zeit nur mit einem Elektro-Anschluß zu betreiben) der Freiheit spürbare Grenzen. Während nur die großen Fahrzeuge über einen Abwassertank verfügen, ist fast jedes Wohnmobil mit einem Mikrowellenherd ausgestattet. Tip: Reisetaschen oder Seesäcke lassen sich in den Fahrzeugen besser verstauen als Koffer.

Zug: Neun überregionale Zugverbindungen verbinden Auckland mit Tauranga (Bay of Plenty), Rotorua und Wellington sowie Napier mit Wellington. Auf der Südinsel führen Züge von Picton nach Christchurch und von dort nach Greymouth sowie nach Invercargill. InterCity-Zug-Pässe (im Zusammenhang mit Bus und Fähre) müssen in Europa gekauft werden.

Zeit

Der Zeitunterschied beträgt je nach Jahreszeit plus zehn bis plus 12 Stunden.

A
B
C
D
E
1
2
3
4
5
6
7
Great Island
Three Kings Islands
North Cape
Cape Reinga
Kapowairau
Cape Maria van Diemen
Te Hapua
Great Exhibition Bay
Ninety Mile Beach
Te Kao
Rangaunu Bay
Cape Karikari
Karikari Peninsula
Pukenui
Merita
Doubtless Bay
Taupo Bay
Cavalli Islands
Mangonui
Matauri Bay
Ahipara Bay
Kaitaia
Awanui
Kaeo
Bay of Islands
Cape Brett
Tauroa Point
Ahipara
Mangamuka
Kerikeri
Russell
Herekino
Paihia
Game fishing
Okaihau
Opua
Home Point
Ohaeawai
Hokianga Harbour
Pakaraka
Kawakawa
Whangaruru Harbour
Rawene
Kaikohe
Poor Knights Is.
Mitimiti
Taheke
Whakapara
Whananaki
Omapere
Hikurangi
Ngunguru
Awarua
Ngunguru Bay
Parakao
Titoki
Whangarei
Kauri Park
Kaihu
Maungatapere
Parua Bay
Whangarei Heads
Bream Head
Moewhara
Ruakaka
Bream Bay
Dargaville
Waiotira
Waipu
Hen and Chicken Is.
Baylys Beach
Te Kopuru
Tokatoka
Paparoa
Brynderwyn
Mangawhai Heads
Little Barrier I.
Ruawai
Kaiwaka
Port Fitzroy
Great Barrier I.
Taingaehe
Port Albert
Wellsford
Cape Rodney
Leigh
Tryphena
Colville Channel
Pouto
Tapora
Kaipara Flats
Warkworth
Kawau I.
Cuvier I.
North Head
South Head
Kaipara Harbour
Puhoi Tavern
Mahurangi
Mahurangi West
Port Jackson
Port Charles
Shelly Beach
Kaukapakapa
Orewa
Waiwera
Hauraki Gulf
Whangaparoa
Great Mercury I.
Red Mercury I.
Helensville
Dairy Flat
Albany
Whangaahei
Kuatonu
Waimauku
TAKAPUNA
Waiheke I.
Coromandel
Mercury Bay
Muriwai Beach
Onetangi
Whitianga
Cathedral Cove
Waitakere
Howick
Cooks Beach
Hot Water Beach
AUCKLAND
Maraetai
Coroglen
Coromandel
Slipper I.
Papatoetoe
Orere Point
Tapu
Tairua
Coromandel Ra.
Huia
Manukau Harbour
Manurewa
Firth of Thames
Peninsula
Papakura
Thames
Pauanui
Matakawa
Clarks Beach
Kaiaua
Kopu
Pukekohe
Bombay
Whangamata
Waiuku
Pokeno
Waitakaruru
Mangatarata
Paeroa
Waihi
Mayor I.
Port Waikato
Te Kauwhata
Tirohia
Waihi Beach
Glen Murray
Lake Waikare
Tahuna
Te Aroha
Matakana I.
White Island
Naike
Orini
Katikati
Cape Runaway
Hicks Bay
Matakaoa Point
Waikorea
Huntly
Mangateparu
Tatuanui
Gordon
Mt. Maunganui
Motiti I.
Bay of Plenty
Waihau Bay
Te Akau
Ngaruawahia
Morrinsville
Tauranga
Papamoa Beach
Maketu
Te Kaha
Te Araroa
HAMILTON
Walton
Lower Kaimai
Pokehina
Raukumara
East Cape
Raglan
Matangi
Cambridge
Matamata
Te Puke
Paengaroa
Matata
Motuhora I.
Whanokao
Tikitiki
Kiwi Producing Area
Hikurangi
Ruatoria
Hinuera
Te Poi
Te Ranga
Paroa
Whakatane
Torere
Pirongia
Tirau
Edgecumbe
Ohope
Omarumutu
Kawhia
Oparau
Te Awamutu
Ngongotaha
Mourea
Te Teko
Opotiki
Raukumara Range
Waipiro Bay
Kawhia Harbour
Kihikihi
Putaruru
L. Rotorua
Te Ngae
Kawerau
Taneatua
Ihungia
Te Puia Springs
Taharoa
Tihiroa
Waikeria
Arapuni
Pohutu Geysir
Tokomaru Bay
Kiwi House
Otorohanga
Rotorua
L. Tarawera
Waimana
Huiarva
Te Anga
Waitomo Caves
Tokoroa
Buried Village
Mt. Tarawera
Mawhai Point
Marokopa
Glow-worm Caves
Te Kuiti
Kinleith
Oponae
Motu
Tauwhareparae
Mangakino
Waiotapu
Kopuriki
Ranginui
Atiamuri
Reporoa
Urewera
Matawai
Whatatutu
Tolaga Bay
Piopio
Kopaki
Whakamaru
Broadlands
Murupara
Aria
Bennydale
Te Karaka
Waerengaahika
Whangara
North Taranaki Bight
Mahoenui
Kinloch
Wairakei
Nat. Park
Tasman
Awakino
Mokau
Mangatupoto
Ongarue
Hauhungaroa Ra.
Huka Falls
Taupo
Ruatahuna
Matawhero
Gisborne
Lake Taupo
Waitahanui
Hulukaru Ra.
Poverty Bay
Muriwai
Ahiti
Ohura
Kuratau
Rangitaiki
L. Waikaremoana
Waikaremoana
Tiniroto
Pukearuhe
Taumarunui
Manunui
Te Rangiita
Waitara
Owhango
Turangi
Frasertown
Whakaki
Morere
New Plymouth
Onaero
Tahora
Rotoaira
Wairoa
Nuhaka
Mahia
Oparau
Matau
Raurimu
Mt. Ngauruhoe
Rangipo
Kotemaori
Mohaka
Taneatua
Mahia Beach
Table Cape
Okato
Retaruke
National Park
Kaimanawa Mts.
Te Haroto
Tutira
Mahia Peninsula
Cape Egmont
Inglewood
Whanganui
Tongariro Nat. Park
Hawke Bay
Warea
Egmont Nat. Park
Mt. Egmont
Pohokura
Mt. Ruapehu
Kaweka
Puketitiri
Te Pohue
Portland I.
Sea
Tariki
Whirinaki
Rahotu
Stratford
Toko
Ohakune
Kuripapango
Eskdale
Bay View
Eltham
Raetihi
Waiouru
Opunake
Kaponga
Matemateaonga Ra.
Pipiriki
Moawhango
Otamauri
Puketapu
NAPIER
Pihama
Kapuni
Manaia
Hawera
Makakaho Junction
Jerusalem (Hiruharama)
Rangiwhea Junction
Maraekakaho
HASTINGS
Clive
Alton
Kakatahi
Colliers Junction
Taihape
Cape Kidnappers
Clifton
Havelock North
Waverly
Paparangi
Patea
Pakipaki
Waimarama
Waitotara
Maxwell
Otairi
Mangaweka
Ohingaiti
Tikokino
Ongaonga
Wanganui
Whangaehu
Turakina
Huntervile
Ruahine Range
Waipawa
Otane
Waipukurau
Kairakau Beach
Omakere
Kimbolton
Takapau
Norsewood
Pourerere
Wanstead
Marton
Halcombe
Bulls
Sanson
Feilding
Dannevirke
Rongotea
Ashhurst
South Taranaki Bight
Himatangi Beach
Himatangi
Palmerston North
Woodville
Motea
Porangahau
Foxton Beach
Foxton
Weber
Pahiatua
Makuri
Pongaroa
Cape Turnagain
Herbertville
Shannon
Rakaunui
Akitio
Hokio Beach
Eketahuna
Levin
Alfredton
Manakau
Otaki
Tararua Range
Mauriceville
Waikanae
Tinui
Castlepoint
Kapiti I.
Paraparaumu
Masterton
Paekakariki
Carterton
Greytown
Featherston
Upper Hutt
Plimmerton
Porirua
Tawa
LOWER HUTT
Riversdale Beach
Te Wharau
Martinborough
Wainuiomata
WELLINGTON
Wairarapa
Lake Ferry
Flat Point
Baring Head
Pirinoa
Palliser Bay
Tuturumuri
Ngawihi
Cape Palliser
Cook Strait
Cape Farewell
Farewell Spit
Whanganui Inlet
Puponga
Pakawau
Paturau River
Golden Bay
Collingwood
Cape Stephens
Caves
Separation Point
Kahurangi Pt.
Mt. Stevens
Motupipi
D'Urville Island
Takaka
Abel Tasman Nat. Park
Totaranui
French Pass
Marahau
Pepin I.
Upper Takaka
Kaiteriteri
Tasman Mts.
Tasman Bay
Mt. Stokes
Motueka
Kenepuru Head
Portage
Mariri
Tasman
Wakapuaka
Rai Valley
Arapawa I.
Karamea
Ngatimoti
Nelson
Picton
Cape Terawhiti
Mt. Kendall
Upper Moutere
Mapua
Havelock
Little Wanganui
Arthur Ra.
Tapawera
Richmond
Hope
Wakefield
Tuamarina
Karamea Bight
Matupika
Richmond Ra.
Renwick
Blenheim
Korere
Wairau Riv.
Wairau Valley
Wine Area
Mokohinui
Seddonville
Hector
Owen River
Kikiwa
Seddon
Granity
Old Coal Mines
Kawatiri Junction
Cape Campbell
Waimangaroa
Rotoroa
Pinnacle
Glenlee North
Lyell
Saltworks
Carters Beach
Westport
Murchinson
St. Arnaud
L. Rotoiti
Ward
Charleston
Inangahua
Paenga
Kekerengu

ZEICHENERKLÄRUNG
Autobahn, mehrspurige Straße - in Bau
Fernverkehrsstraße - in Bau
Hauptstraße
Nebenstraße
Fahrweg, Piste
Straßennumerierung
Entfernungen in Kilometer
Höhe in Meter - Paß
Eisenbahn
Autofähre - Eisenbahnfähre
Wichtiger internationaler Flughafen - Flughafen
WELLINGTON
Hauptstadt eines souveränen Staates
Nationalpark
Rotorua
Besonders sehenswerter Ort
Akitio
Sehenswerter Ort
Fox Glacier
Besondere Sehenswürdigkeit
Sonstige Sehenswürdigkeit
1 : 3 000 000
0 30 60 90 120 150 Km
SOUTH ISLAND
PACIFIC OCEAN
Southern Alps
CHRISTCHURCH
DUNEDIN
Invercargill
Nelson
Blenheim
Queenstown
Fox Glacier
Pancake Rocks and Blowholes
Sutherland Falls
Karamea Bight
Golden Bay
Tasman Bay
Pegasus Bay
Canterbury Bight
Banks Pen.
Otago Pen.
Foveaux Strait
Stewart Island
Fiordland National Park
Mount Aspiring National Park
Arthur's Pass Nat. Park
Mount Cook
Westland Nat. Park
Lake Wakatipu
Lake Te Anau
Lake Manapouri
Lake Wanaka
Lake Hawea
Lake Pukaki
Lake Tekapo
Milford Sound
Greymouth
Hokitika
Westport
Kaikoura
Timaru
Oamaru
Ashburton
Gore
Te Anau
Wanaka
Haast
Indonesien
Australien
Neuseeland

Register

Seitenzahlen, die auf Infoseiten hinweisen, sind **fett** gedruckt. Die Koordinaten in Klammern beziehen sich auf die Karte S. 112/113.

Bereits erschienen

1 Türkei – Südküste
2 Kalifornien
3 Tunesien
4 Thailand
5 New York
6 Türkei – Ägäisküste · Istanbul
7 Island
8 Marokko
9 Karibik
10 Hongkong
11 Florida
12 Bali · Lombok · Java
13 Kanadas Westen
14 Moskau
15 Kenia
16 Ägypten
17 Israel
18 Neuseeland

In Vorbereitung

19 Singapur · Malaysia
20 New Orleans und die Südstaaten
21 Mexiko

Impressum

Geschäftsführer: Kurt Bortz, Dr. Joachim Dreyer, Eike Schmidt

Redaktion und Produktion:
Harksheider Verlagsgesellschaft mbH, Fabersweg 1, Postfach 52 49, 2000 Norderstedt, Telefon 040/52 88 62 - 0, Telefax 040/5 23 40 56
Redaktion:
Ulrike Klugmann (verantwortlich)
Siebo Heinken

Text: Stefan Huy und Bruni Gebauer-Huy
Fotografie: Mike Schröder, Hartmut Schwarzbach (Fotoagentur Argus, Hamburg)

Grafische Gestaltung:
Gerhard Keim, Frankfurt/Main
Kartografie: RV Reise- und Verkehrsverlag GmbH, Stuttgart
Alle Angaben im Reiseteil ohne Gewähr.
Nachdruck, auch auszugsweise, nur mit ausdrücklicher Genehmigung des Verlages.
Erscheinungsweise: zweimonatlich

Vertrieb Zeitschriftenhandel:
PARTNER PRESSE VERTRIEB GMBH, Julius-Hölder-Straße 47, 7000 Stuttgart 70, Telefax 07 11/72 52 - 310
Vertrieb Abonnement und Einzelhefte:
ZENIT PRESSEVERTRIEB GMBH, Julius-Hölder-Straße 47, 7000 Stuttgart 70, Telefon 07 11/72 52 - 197, Telefax 07 11/72 52 - 3 40
Vertrieb Buchhandel:
GeoCenter Verlagsvertrieb GmbH, Neumarkter Straße 18, 8000 München 80, Telefon 089/43 18 90, Telefax 089/4 31 28 37, Telex 5 23 259
Anzeigenalleinverkauf:
KV Kommunalverlag GmbH, Arabellastr. 4/XII, Postfach 81 05 65, 8000 München 81, Telefon 089/92 80 96 - 0, Telefax 089/92 80 96 - 20, Telex 17898397 komver

Satz: Lübecker Fotosatz GmbH, Lübeck
Reproduktionen:
Otterbach Repro GmbH & Co., Rastatt
Druck und buchbinderische Verarbeitung:
KLETT DRUCK H. S. GmbH, Korb
Gedruckt auf chlorfrei gebleichtem Papier
Printed in Germany
ISBN 3-616-06418-X

Titelbild: Maori in Rotorua